NAOKI MIYANISHI

ATSUZAWA
84

25

FIGHTERS

FIGHTERS

2016
SPECIAL THANKS
ÆON
au
野口観光
北海道新聞
道新スポーツ
Coca-Cola

JAPAN
JAPAN 15

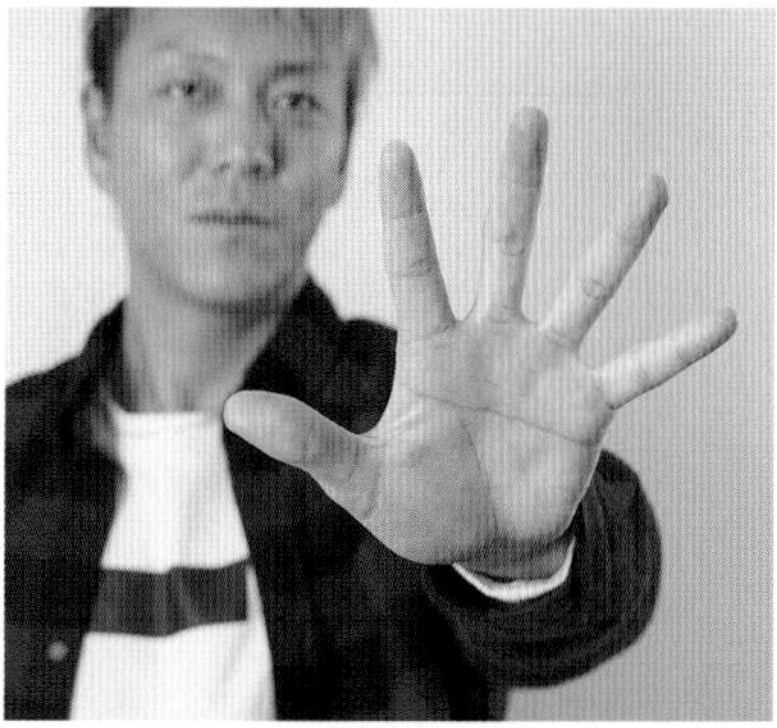

勇往邁進

FIGHTERS
Nipponham

NAOKI MIYANISHI

Professional Bible

つなぎ続ける心と力

リリーフの技&受け継ぐ魂のバイブル

宮西尚生 著

廣済堂出版

はじめに

思えば、プロ野球の世界へ飛び込んだのは13年前。２００７年オフのドラフト会議で、北海道日本ハムファイターズから指名を受けてのことだった。その年は、大学生・社会人と高校生が別々に行われる分離ドラフト。僕は大学生・社会人ドラフトでの３巡目指名だけれど、高校生も含めたすべてのアマチュア選手を対象として一斉《いっせい》に行われる例年のドラフトなら、さらに順位は下がっていたかもしれない。大学４年時に調子を崩《くず》し、同期のプロ候補たちにも大きく水をあけられ、自信を失った中で迎えたドラフトだった。

そんな僕を指名してくれたのがファイターズだ。あとで聞けば、当時のＧＭ（ゼネラルマネージャー）で、現在はスカウト顧問《こもん》を務められている山田正雄さんが、僕の大学２年時の投球を強く印象に残してくれていたそうだ。４年で調子を落としたときも、「宮西は化ける可能性がある」とスタッフ会議などで進言してくれたという。もし、山田さんの「推《お》し」がなければ、僕の野球人生はどうなっていたのか。

プロの入り口でも大きな出会いがあった。現在も投手コーチとしてチームを支えられている厚澤和幸《あつざわかずゆき》さんだ。厚澤さんの目の届くところでプロのスタートを切れたことが、20年シーズンまでの13年間につながったといっても過言ではない。本当に熱心に指導してもらい、プロとしての考え方や覚悟も定まっていない1年目（08年）に、リリーフとして生きていくための言葉もいただいた。プロ野球界での恩人だ。

人の運命は本当にちょっとした出会いやタイミングの違いで道がつながったり、また道が途切れたりする。僕の場合、人生のときどきに訪《おとず》れた分岐点で、本当にいい出会いがあり、その都度《つど》、いい方向に導いてもらった。

そんな僕に語るものがあるとすれば、プロ入り後、この道ひと筋で来た「リリーフ」を通しての経験以外にない。19年終了時点で684試合の登板は、すべて、リリーフでのもの。先発投手からつながれてきた流れを受け継ぎ、最良の形であとに託《たく》す。この仕事を繰り返し、がむしゃらに投げ続けてきた。150キロのストレートを持っているわけでも、アマチュア球界で大きな実績を残したわけでもない僕が、プロの世界でここまでいかに結果を積み、生き残ることができたのか。本書で改めて振り返りながら、綴《つづ》っていこうと思う。

まず第1章は、僕の投手としての基本的な技術がテーマ。ミリ単位の戦いが繰り返されるプロの勝負を制するには、ボール自体のレベルアップだけでなく、リリースのわずかな角度の違いや間合いの使い方も重要になる。打者の目線や心理を徹底的に考え、相手ベンチの手を読み、リスクの低い勝負を選択する「頭の技術」も不可欠だ。監督・コーチの指導や先輩の進言に、僕流のアレンジも加えて今のスタイルにたどり着いたけれど、その過程も追った。

第2章では、リリーフという役割ならではの、よりコアな部分でのテクニックや思考、そして、継投リレーする投手陣がマウンド上でつなぐ思いなどを語ってみた。本番へ向けてのルーティーン、具体的な登板シチュエーションごとの結果を出すためのスキル・戦略、自分に与えられた1イニングを抑えるためのプラン、「回またぎ」への精神面も含めた対応法など、様々な「宮西流」メソッドも明かさせてもらった。

続く第3章は、リリーフ特有のメンタルについて。自《みずか》らの1球によってチームの勝ちを消してしまうことも、前に投げていた投手の白星を消してしまうリスクも背負うのがリリーフ。でも、失敗をひきずっていては、長いシーズンを戦えない。僕は心が折れそうなとき、どう考えてきたのか。究極の緊張状態を、どう克服してきたのか。そんなメンタル術や、オンとオフの切り替え方、そして、結果に一喜一憂《いっきいちゆう》せず、気持ちの波を作らないための秘訣《ひけつ》なども述べた。第2章とともに、心理面の話が多くなっているのは、それだけリリーフにとって、「心のコントロール」がパフォーマンスを上げるための条件と考えるからだ。

第4章は、試合前の準備&こだわり論。プロ野球選手は1試合1試合を積み重ね、さらに1年1年とつなげなければならない。己《おのれ》を知り、力を発揮するための環境を整えることも必要になる。資本である体を作るトレーニングとケアを含め、僕のこだわりを記した。

第5、6章は、プライベートな部分を中心に書いた。第5章では、365日臨戦態勢で戦う僕の日常や普段のキャラクター、交流、家族について。第6章では僕の原点である兵庫県尼崎《あまがさき》市ですごした幼少期から大学時代までを振り返った。宮西尚生という人間のマインドや力は、どうやって形成され、そして今に至るのか。そうしたつながりがわかるかもしれない。

第7章では、僕を大きく成長させてくれた北海道日本ハムファイターズのチームスピリットや個性、取り組みや、球団内の話題を綴った。ファイターズ式の選手育成法や僕が感じるチームの課題、さらには、先輩たちから脈々と受け継がれてきたファイターズ魂《だましい》や、ライバルであり仲間でもあるリリーフ陣への思い。このあたりをまとめてみた。

最後の第8章では、野球界と僕のこれから、そして、大きな意味での球界の後輩たちへつなげる思いを、願望も含めて書いた。関係者やファンに、リリーフ、中継ぎへの理解がより深まり、いつの日か、その資質を十分に備えた若きスーパースターが、現れることを祈りたい。

本書に記させてもらった「宮西流」の技術やメンタル術のようなものも、まだまだ完成途上だ。それでも、ピンチと向き合うことが仕事とも言える救援投手として経験を積む中で、メンタルや思考は鍛《きた》えられていった自負がある。そうした力は、今の厳しい時代を生きる人たちの参考になるものがあるかもしれない。日々の仕事や暮らしの中で現れるピンチを切り抜けるヒントを、本書の中から見つけていただければ幸いだ。

宮西尚生

目次

第4章 勝負に備え、準備し続ける

第5章 「北の鉄腕」は、日々積み重ねる ～結果を出すライフスタイル～

第6章 成長の中で、心を受け継ぐ

第7章 チームの意志と力を継承する

第8章 夢は未来へと、つながる

第1章

独自の投球術で生き抜く

～先人に学び、進化させたテクニック～

99%は真《ま》っ直《す》ぐとスライダー。1%のシンカーを隠し味にして投げる

まずは、僕が野球人生で培《つちか》ってきた基本的なピッチング技術について語りたい。リリーフの立場の部分だけではなく、ピッチャー・宮西尚生としての全般的な投球術だ。今まで、多くの方々から指導を受け、アドバイスをいただいてきた。そしてまた、自分なりのアレンジを加え、現在の僕のスタイルがある。そんなふうに仰々《ぎょうぎょう》しく技術論を展開しようと言っている中、いきなりで恐縮だが、ゲームの話をさせてもらうことにする。

プロ野球選手になったと感じることの1つに、ゲームソフト『実況パワフルプロ野球』(以下、『パワプロ』)で自分の名前を見つけたとき、というものがある。これはプロ野球選手にとって、けっこうな「あるある」だ。想像してもらえればわかると思うけれど、これまで遊んでいたゲームの中に自分の名前がある。この不思議な状況に直面したとき、「ああ、俺《おれ》もついに、そっち側の人間になったのか」と、実感するというわけだ。

僕は、2008年から北海道日本ハムファイターズでプレーしているが、このプロ入り1年目から、『パワプロ』に名前が入るようになった。初めて目にしたときの記憶は定かで

はないけれど、気分はよく覚えている。まず、テンションが上がった。そして次に、「恥ずかしい」と思った。自分の名前がスター選手の中にあるといった、気恥ずかしさではない。ゲームの中に登場する「宮西尚生」の能力を見て、恥ずかしくなったのだ。なぜか。持ち球が、ストレートとスライダーの２つしかなかったからである。

ほかの投手にはだいたい４つ前後は備わっている球種が、「宮西」はたったの２つ。さすがは人気ゲーム。新人投手の球種まで、正確に把握《はあく》している。確かに僕は、試合の中では真《ま》っ直《す》ぐとスライダーしか投げていなかった。

大学時代は、カーブにパーム、たまに、そのほかの球種を試《ため》すこともあった。でも、プロの試合で使える変化球はスライダーしかないということになり、試合では２つの球種しか投げていなかった。そして、12年が過ぎた今、最新の『パワプロ』での持ち球は、ストレート、スラーブ（スライダーとカーブの中間のような球）、スクリュー（この球種については27ページで詳述）となっているようだが、現実の僕はやはり、ほとんど真っ直ぐとスライダーしか投げていない。それも、２つの球種の割合は、ほぼ1対1というイメージ。実際、あるデータによると、19年シーズンで投げた球種の割合は、ストレート53%、スライダー46%、残り１%がシンカーだった。今となっては、これが宮西尚生というピッチャーにとっての最たる個性になっていると思う。

強打者、好打者が揃《そろ》うプロの世界の勝負では、「相手打者の読みを、どうやって外すか」も、結果を分ける大きなポイントになる。そこでいかに裏をかき、迷わせるかということだけれど、僕の場合は、球種が2つ。普通に考えれば、2分の1の確率で、バッターの読みは当たることになる。いや、カウントや状況をふまえれば、もっと高い確率で球種を的中させられるはずだ。そんな状況で僕は、19年シーズンまでの12年間、プロのピッチャーとしてプレーしてきた。

さすがに2つだけでは不安になり、新しい球種を増やそうと、何度か取り組んだことがある。スライダー以外で初めて挑戦したのが、サークルチェンジだ。プロで1年を終え、2年目の09年へ向かう中でのことだ。サークルチェンジとは、親指と人差し指で輪を作って握るチェンジアップ。「腕を思いきり振るけれど、球はなかなかバッターの手元にやってこない」というボールだ。真っ直ぐとスライダーはそこまで球速差が大きくないので、バッターのタイミングを外す球を加えたかった。チェンジアップは入団時から5年間、投手コーチでもあった吉井理人《まさと》さん（元近鉄バファローズ、ヤクルトスワローズ、ニューヨーク・メッツなど。現千葉ロッテマリーンズ投手コーチ）も現役時代に得意とされていた球で、よくアドバイスをいただいた。また、当時のファイターズには、20年シーズンから投手コーチとなった武田勝《まさる》さんというチェンジアップの名手もいたので、大いに参考にさせてもらった。ただ、僕のチェンジアップは、思い描いたような完成形とはならなかった。

なんとか使えそうなレベルに来たと思い、初めて投げた試合（09年4月15日、オリックス・バファローズ戦）で、いきなり、アレックス・カブレラ（西武ライオンズ、福岡ソフトバンクホークスなどにも在籍）にホームランを打たれた。チェンジアップを試した相手が悪かったと言えばそうだったかもしれないけれど、こんな危険な球は使えないと、即、封印。

そもそも、僕の投げ方にチェンジアップが合わなかったということもあったのだろう。僕は腕の出どころがサイドとスリークォーターの中間という横振りで、スライダーも真っ直ぐも、手首をひっかけるようにリストをきかせて投げる。そのためチェンジアップの握りでは球が抜けづらく、コントロールを安定させるのも難しかった。

ただ、今になって思えば、カブレラに一発を浴びて良かったとも思っている。もし、精度のそれほど高くないチェンジアップで中途半端《ちゅうとはんぱ》に抑えでもしていたら、スライダーやストレートへの探求心がおろそかになったり、安易にもっと球種を増やそうと考えていたりしていたかもしれない。しかし、一発のおかげでそうならなかった。

ちょうどそのころ、まだ現役だった金子誠さん（現北海道日本ハム野手総合コーチ、日本代表「侍ジャパン」ヘッドコーチ）から、胸に刺さる言葉をもらったことがあった。普段は寡黙《かもく》で、プロに入って間《ま》もない僕なんかが話しかけるのもままならなかった先輩が、こう言ってくれた。

「いろんな球種は、覚えなくていいぞ。スライダーを死ぬほど磨け。極めろ」

僕の心を見透かしたようなそのひと言は、今も熱く胸に残っている。それを肝《きも》に銘《めい》じ、ひたすらスライダーとストレートを磨いたおかげで、結果を積み重ねることができた。

そうした経緯ののち、あくまで変化球の軸はスライダーとしながらも、もう1つアクセントをつける意味で再び3つ目のボールに挑んだのは、今から4、5年ほど前だ。

そのころの僕は様々な経験を積むことができて、オールスターなどで他球団のピッチャーと話す機会も増えた。そこで他球種への関心も高まり、次に挑戦したのがシンカーだった。

シンカーも、チェンジアップ同様、緩急《かんきゅう》の「緩《かん》」の部分を補う球。かつ、スライダーとは逆方向へ曲がり落ちる。僕にとっては、投球の幅を広げる球と言える。

薬指と人差し指でボールを挟《はさ》むのだけれど、僕は指先が縫《ぬ》い目にかからないと不安に感じてしまう。なので、中指を縫い目に添《そ》えて握る。これで、ほど良い安定感を得て投げられるようになる。当初はこのシンカーも、前に習得しようとしたチェンジアップと同様に少しひっかかり気味だったが、練習の中で解消。第3のボールとなったのだ。

2年前（18年）は、右打者に対して、そこそこの数のシンカーを投げたはずだ。ただ、19年はまたほぼストレートとスライダーの2種類に戻り、シンカーは、前述のように全体のわずか１％。２つのボールの状態が良かったことが大きく、再び球種比率がストレートとスライダーで２分の１ずつという投球に戻った。

ところで、野球に詳しい読者の方は、僕がこのボールをシンカーと呼ぶことに少し違和感があるのではないか。「それって、スクリューじゃないの？」という声が聞こえてくるのだ。先述したように、現に最新の『パワプロ』ではスクリューになっている。

シンカーと言えば、サイドやアンダーハンドの右投手が投げるイメージが強い変化球で、対右打者の場合、少し内へ沈んでいく。変化量の大きなピッチャーであれば、空振りを取れる決め球にもなる。使い手としては、20年シーズンから東京ヤクルトスワローズの監督となっている高津臣吾《しんご》さん（元東京ヤクルト、シカゴ・ホワイトソックスなど）たちが有名だ。

一方でスクリューは、左投手が持ち球とすることが多く、その場合、軌道《きどう》としては、右打者の外へ逃げながら落ちていく。こちらは元中日ドラゴンズの左投手・山本昌《まさ》さんらが駆使《くし》していた。変化の仕方は似ているシンカーとスクリューだが、「この種」の球をサウスポーが投げると、おおむねスクリューと呼ばれる。実際、握り的にも僕のボールはスクリューと言っていい。では、なぜシンカーなのか。そう呼ぶには、ある理由というほどでもない理由がある。

それは、新球種を身につけようと、ブルペンで投げていたときのこと。投球練習をする際、ピッチャーは次に投げる球種をキャッチャーに伝えてから投げる。ところが、いちいち「スクリュー」と口にすると、投球のテンポが乱れる感じが僕の中にあった。単純に、単語が少し長目で小さな「ュ」が入るのも、なんとなくまどろっこしかった。それで、僕があるときから「シンカー」と言って投げるようにすると、これが広まり、データ班などにもシンカーとして定着していったというわけだ。

最近はテレビ中継画面やネットでも、1球ごとに球種が示されることは多い。おそらくそういったところでも、「シンカー」となっているはずだ。でも、僕が公言していなければ、「スクリュー」と表示されていたことだろう。

というわけで、僕の現在の球種は3つ。ただ、19年のあるデータでは、前述のようにストレート、スライダー、シンカーの比率は、「53対46対1」。なので、球場やテレビ、ネットで僕の投球を見ているときにシンカーらしきボールを目にしたら、「貴重なものを見た！」と思っていいかもしれない。もともと投球の幅を広げる狙《ねら》いで習得したシンカーだが、ここまで比率が少ないと、実際の投げる意味は、テンポを変化させたり、ピッチングのちょっとした隠し味にしたりする程度なのだろうか。と、言いながら、将来、この比率がどうなっているかは、自分でもわからない。ひょっとすると、3つのボールの比率がほぼ同等になっているかもしれないし、第4、第5のボールが登場している可能性もある。

ピッチングは生き物。「53対46対1」の変化に注目してほしい。

スライダー

ストレート

シンカー

自信を失っているときこそ、変わることを決断できる

新たな世界でのスタートには、誰もが不安を抱《かか》えているはずだ。08年シーズン、プロ1年目の僕も不安しかなかった。大学4年時に思うような投球ができず、自分の力を疑うような気持ちになっていた。その中で、初めてのプロのキャンプが一軍スタート。

ブルペンでは、生き残りをかけた先輩投手たちのボールに、初日からプロのレベルを痛感させられた。ベース上でも簡単に失速しない球の質。捕手が構えたミットに、ビシビシ決まるコントロール。右を見ても左を見ても、僕の上を行くボールに、ますます焦《あせ》りは増した。この中に入れば、ストレートの球速も並《なみ》のレベル。もっと変化球を覚えていかないと、という気持ちになった。しかし、試しにスライダー、カーブ、パーム……とアマチュア時代の変化球をひととおり投げたところ、受けてもらっていた鶴岡慎也《しんや》さん（現北海道日本ハムバッテリーコーチ兼捕手）から、「使えねえな」と言われた。確かにまわりの投手を見ていると、自分でも、変化球はプロのレベルに達してないとわかっていた。でも、改めて口に出されると、頭が真っ白になった。

ただ、鶴岡さんはすぐ、こうも言ってくれた。「使えるのはスライダーだけだ」。スライダーは大学時代からの決め球で、これがあったからプロにたどり着けたとも思っていた、言わば生命線。もしあのとき、スライダーまで否定されていたら、キャンプの残り期間をどうすごしていいかもわからなくなっていただろう。変化球はスライダーしか通じないのなら、そのスライダーとストレートを磨くしかない。キャンプ初日で、腹が決まった。

でも、このキャンプ初日、僕はもう1つダメ出しを受けることになった。それはフォームについてのものだ。新人がどんなボールを投げるか見ようとブルペンに来られていた、当時の梨田昌孝《なしだまさたか》（旧登録名：昌崇《まさたか》）監督（元近鉄、元大阪近鉄バファローズ・北海道日本ハム・東北楽天ゴールデンイーグルス監督）から、投球を終えたところで呼ばれ、こう言われた。

「腕を下げて、やってみるか」

キャンプ初日にしてのフォーム改造指令。つまり、今のフォームでは通じないというダメ出しだ。これは、本書の「はじめに」でも触れたけれど、当時のGM（ゼネラルマネージャー）である山田正雄さん（元ロッテオリオンズ、現北海道日本ハムスカウト顧問《こもん》）の「宮西は、大学2年のときの状態がいちばん良かった。あのときのフォームに戻せば、化けるかもしれない」という言葉が現場にも届いていたうえでの改造指令だったようだ。大学時代の後半はスピードを求め、腕の出どころを今より高くしていたけれど、それを元の位置に戻してみるか、という提案だ。

　ただ、戻すといっても、普通はフォームが崩《くず》れるのを恐れ、腕の部分は簡単にはさわれない（変えられない）ものである。まして、僕は新人。しかし、僕自身は自信を失ってのプロ入りでもあり、2つ返事で了解した。さっそく、少し腕を下げてみると、意外にも違和感なく普通に投げることができた。この姿に、投手コーチの2人である吉井理人さん、厚《あつ》澤《ざわ》和幸《かずゆき》さん（現北海道日本ハムベンチコーチ兼投手コーチ）がともに、「こいつは少しさわってもおかしくならんし、器用」と安心したということをあとで聞いたが、こうしてフォーム固めに重点を置きながら、1年目のキャンプをなんとか順調に消化したのだった。

　振り返ると、大学4年時に調子を落とし、自信を失ってのプロスタートだったことが、2つのダメ出しを素直に受け入れ、腹も決められたのだと思う。わからないものだ。

微妙にリリース位置を変え、ミリの単位で勝負する

　プロとは、その道の職人たちの集まりだ。戦いは厳しく、1つの壁を乗り越えたと思っても、すぐにまた新たな壁が現れる。2年、3年、4年……。必死にスライダーと真っ直

ぐを磨きながら、1年目から50試合に投げ、2年目以降も一定の数字を残した。ただ、僕の中では年々不安が広がっていた。ある程度の結果は残していても、内容の変化を感じていたからだ。いちばんは、三振が取れなくなったこと。三振奪取率自体は、2年目に大きく上がり、そこから7年目までほぼ1イニング1個ペースとなっていた。でも、僕の中ではこれまで空振りが取れていたはずのボールで取れず、マウンドで「あれ?」と思うことが多くなっていた。やはり球種を増やさなければ、この先、厳しくなる……。そんな迷いも生まれる中、確か6年目ぐらいだったと思うが、ヒジに違和感を覚えることがあったのだ。そこでまた、じわっと不安が広がったけれど、試合は待ってくれない。首脳陣に、簡単に痛いとも言えない。

密《ひそ》かに治療を続けながら、ピッチングのときにはできるだけ痛みが少なく、腕を振れる場所をさがして投げた。騙《だま》し騙し投げるうちに、ヒジの違和感はおさまっていったが、このときの経験がのちに大きく生きた。というのは、少しずつずらしながら痛みのないリリースの位置をさがしていく中で、僕は極端に言えば、どの腕の位置でも一定のボールを投げられることがわかったのだ。大学時代もフォームを微妙に変えながら大きく崩れることはなかったので、そのあたりの器用さは自覚していた。だから、正確にはこのとき、自分の長所を再確認したということだった。

本来、リリースポイントの位置を頻繁《ひんぱん》に変えるなどということは、少なくともピッチャーがやるべきことではないはずだ。ピッチャーというのは同じフォームを作ろうと、毎日キャッチボールから繰り返し、同じ形を体に染《し》み込ませていくものだからである。それを僕の場合は、自ら崩しにいったわけだ。

僕はトレーナーさんから、「体の感覚がいい」と言ってもらえることがある。例えば、肩のここに違和感があるという話をしているときに、肩から離れたこの場所も気になると伝えると、「この2つはつながっている。よくわかっているな」といった感じで評価される。あるいはピッチングコーチからは、先にも触れた、1年目のキャンプ初日にフォームを微調整してもまったく崩れなかったときに、「お前、器用やなあ」と言われたものだ。

このあたりは、驚くようなボールを持たない僕の最大のセールスポイントだろう。テイクバックやリリースなどに関して、腕の部分をさわって崩れると戻れなくなるということが、野球界ではよく言われる。でも、僕は1球ごとに微妙にリリースポイントを変えても、普通に投げられる。ヒジの違和感を覚えたとき、そのことに改めて気づき、それからは必要に応じて、意識的にリリースの角度を変えて投げるようになった。球種が少ない僕が12年間、一軍で投げ続けられてきた理由の1つだろう。

では、どういうふうにリリースの角度を変えて投げ分けるのか。例えば、横の変化に対する反応が縦《たて》に比べて少し悪いなという打者には、いつもより少し腕を下げて横の変化が大きなスライダーを投げたりする。逆のタイプの打者なら、いつもより少しリリースの角度を上げて投げたりするといった感じだ。19年までで言えば、20年からメジャーリーグに挑戦する秋山翔吾《しょうご》（元埼玉西武ライオンズ、現シンシナティ・レッズ）などは、横の変化を大きくしたほうが抑えられる率が高く、そう狙って投げた球が抜けて縦気味の変化で入っていくと、確実にとらえられた。逆に、埼玉西武の森友哉《ともや》や、20年に千葉ロッテから東北楽天に移った鈴木大地《だいち》は横のほうが得意だから、少し縦っぽいイメージを持って投げていた。あくまで、19年までの印象なので、20年以降はまた新たに特徴、傾向を探《さぐ》っていくことになる。

では実際、そのときどきで、どれくらいリリースポイントの位置が変わるのか。読者の感覚ではボール1、2個分くらいと思われるかもしれない。でも、僕の感覚的には5センチから10センチくらい動かしているようで、実際はおそらく2、3ミリ。こう書くと、「2ミリや3ミリで、効果があるの?」と考える人がほとんどだろう。でも、このわずかな違いで効果はある。そして、いい打者ほど、この微妙な差に気づき、反応してきてくれる。

プロの一線級の打者というのは、自分の狙ったところに芯《しん》を持っていく天才だ。思いどおりにバットを扱えるように、毎日毎日スイングを繰り返している。球をとらえるための目も優《すぐ》れている。逆に言えば、だからこそほんのわずかな差に気づく。そこで、「あれ、い

つもとなにか違う」と感じさせられたら、僕が優位に立てたということになる。

さらに言えば、リリースの段階では2、3ミリの差でも、マウンドからベースがある18・44メートル先にボールが達したときには、2センチ、3センチの差になっているかもしれない。打者の手元でのわずかな差で芯を外したり、感覚を狂わせたりということが可能なのであり、ミリの単位で勝負をするのが、プロの世界ということだ。ファンの方には、そのレベルの攻防が行われていることを想像して、対戦を楽しんでもらいたい。

時間を支配して、勝ちを引き寄せる

野球は、よく間合いのスポーツとも言われる。サッカーやバレーボール、バスケットボールなど、ほかの多くの球技スポーツと違い、グラウンド上の選手もボールも止まっている時間が非常に長いのが特徴だ。ある調べでは、3時間のゲームでも実際にボールが動いている時間は、わずか15分程度しかなかったという。ただ、その止まっている時間も、野球の大事な一部。いや、この止まっている時間をどう支配するかが、勝負の行方《ゆくえ》にも大きく関わってくると、僕は思う。

野球の試合は、ピッチャーがボールを投げて動き始める。つまり、プレーとプレーの間合いを支配できるのはピッチャーであり、僕はこの「間《ま》」をいかに使うかを常に考えてきた。前述した投球時のリリースの角度と、この間合い。僕がここ数年、投球の結果を高めるために最も考えてきた2本柱だ。

現代のプロ野球では、試合時間短縮を目指す流れが強い。19年で言えば、公式戦の1試合平均時間を3時間10分以内に目標設定していた。また近年は、投球間隔の短いピッチャーが「スピードアップ賞」として表彰もされる（打者部門もある）。19年はパ・リーグが高橋礼《れい》（福岡ソフトバンク）で、セ・リーグはC.C.メルセデス（読売ジャイアンツ）。それぞれ無走者時の平均投球時間が10秒と9・2秒と、かなり短い。僕には最も縁遠《えんどお》い賞だろう。僕は、時短の流れに完全に逆行したピッチャーと言える。

先発投手はリズムを大切にして投げるタイプが多く、試合の流れを作り、野手を乗せることも大事になる。でも、僕の場合はリリーフ。マウンドへ上がるのは、1点の攻防で勝敗が決まる試合終盤。失敗は許されない。しかも、球種は実質2つ。ストレートに驚くようなスピードがあるわけでもなく、空振りを取れるフォークボールもない。テンポ良くポンポンと投げると、バッターの思うツボといった結果にもなりかねない。

リスクを最小限に抑えるためにも、投球間隔ギリギリまで時間を使い、自分のペースを作って投げる。この「間」を支配することで、勝ちを引き寄せられる。それくらい大事に思っている。もっと言えば、僕はマウンドに上がったとき、「どれだけ、間延びさせられるか」も考えている。たっぷり時間をとって投げることで、相手の勢いや、それまでの試合の流れを変えようと試《こころ》みているのだ。今では、この「間延びした空気感」が僕の投球リズムにもなっている。

1つひとつの動きをマイペースで行いながら、ゆったりとした呼吸で、サイン交換もあえて入念に。相手打者を「早く投げてこい」「いつも長いなあ」と焦《じ》らすことで、僕の勝機がまた上がっていく。相手がそう思えば思うほど、こちらのペースになっているのだ。

野球には、15秒ルールと呼ばれるものがある。キャッチャーからピッチャーが球を受け、プレートを踏んだところから15秒以内に次のボールを投げないといけないのだ。僕は、この15秒を目一杯《めいっぱい》使う。チームの流れが悪いと感じるときは、とくに時間を使って「間延び」させ、流れを変える。12球団でいちばん投球テンポの悪いピッチャーなのかもしれない。でも、こうした工夫をこらさなければ簡単には抑えられないのが、プロの世界だ。

ここで1つ問題になるのは、味方の野手のこと。野手は投手のリズムがいいと、次の攻撃にも入っていきやすいという。逆に、守っているときに間延びした空気を感じることで、次の攻撃のリズムを悪くするなら、いいことではない。でも、攻撃のテンポを良くするために僕が打たれてしまっては、これもまた困る話。だから、僕は先に野手に謝るようにしている。今は若い野手が増えたけれど、バックにベテランの先輩方が守っていたときから、「すみません、僕のときは長くなります」と事前に伝えて投げていた。また、投手コーチにも僕の投球間隔が長い意図を伝え、少しでもチーム内のストレスを減らすように考えてきた。

審判からは目をつけられているだろう。でも、終盤の1イニングを全力で抑えることが僕の仕事なのだから、そのために使えるものはすべて使う。「長い！」と言われても、あくまでルールの範囲内のこと。「間延び投法」をやめるつもりはない。

間延び作戦は、マウンドへ上がるときから始める

試合後に監督が、「投手交代で、流れが変わった」といったコメントをすることがある。確かにそれまで淡々と進んでいた試合が、1つの投手交代によって流れが変わることがある。ただ、プロの世界では、アマチュア野球ほどではない。そこは、やはりプロ。次に出てくるピッチャーも抜かりなく準備をし、試合にスムーズに入り込んでいくからだ。とはいえ、投手交代というアクションが入ることで、それまでと違う流れが生まれやすいこと

は確か。逆に考えれば、投手交代という試合の中に生まれる「間」によって、劣勢のチームが相手の勢いを止め、流れを変えることもできる。

僕が意識する時間は、前項で述べた投球間隔の15秒だけではない。投手交代時に設けられた2分45秒以内という時間も当然ながら重要視し、もちろん最大限に使っている。3分をわずかに切るこの時間から、僕の中で「間延び」の攻防は始まっている。

リリーフ投手というものは、白熱した試合の中に、言わば別世界のブルペンからポンと放《ほう》り込まれる。それだけにマウンドへ上がると、優勢、劣勢の両チームの勢いや試合の流れを瞬時に感じることができる。とくに、ベンチ裏の隔離された場所にブルペンがある札幌ドームのような球場だと、よけいにそうだ。

そこで相手が勢いづいていたり、逆転へ向けての応援が盛り上がっていたりすればするほど、僕は熱い空気を冷ますように、2分45秒をゆったりと使い、間延びを意識する。

投手交代の際の投球練習は7球以内と決まっている。ただ、交代に時間がかかっていると、7球より前に審判から、「ラスト1球」の声がかかる。僕は、だいたい5球か6球のときが多い。それまでに時間をかけているからということも多いけれど、ときによっては4球程度で終わるときもある。ブルペンで投げて準備はできているし、毎日ブルペンで肩は作っているので、僕的には2球も投げれば十分。それよりも足場をならしたり、ボールをこねたり、1球1球間合いを取って投げたり……。1つひとつの動きにたっぷり時間をかけて、場を間延びさせることを頭に置いている。これこそが、僕にとってのテンポなのだ。

勝ちたいなら、相手目線に立って考える

プロ12年の中で、公式戦で打席に立ったことが一度だけある。3年目（10年）の交流戦、東京ドームでの巨人戦だ。6対5と1点リードの7回から登板してその回をまっとうし、仕事が終わったと思ったら、そのまま8回表の攻撃で打席に立つことになった。

普段はDH（指名打者）制があるパ・リーグで戦っているため、打席に立つことはないけれど、左のリリーフの先輩として背中を追いかけてきた山口鉄也さん（現巨人三軍投手コーチ）の決め球であるスライダーを打席で見られたのは、貴重な体験だった。

アマチュア時代は打席に立っていたし、打つことは嫌いじゃない。だから、そのときも、「思いきり振ってやろう」と、打席に入った。打撃に慣れていないパ・リーグのピッチャーが打席に入っているとなれば、初球は真っ直ぐのはず。確信していた。それを1、2、3で狙って……と思っていたら、サインは「待て」。ベンチとすれば、「三振でいいから、次

の回を抑えてくれ」ということだ。初球を見逃し、すぐ追い込まれた。そのまま、見逃し三振でいいという空気だった。でも、僕はそれでは面白くない。追い込まれたあとの球を、1、2の3で振りにいった。ところが、「3」の直後、大げさではなくボールが視界から消えたのだ。長いこと野球をやってきて、打席でボールが消えたのは、もちろん初めて。絶品のスライダーだった。「これが、テレビで見ていた超一流の決め球か……」と脱帽すると同時に、「俺のボールは、打者にどう見えているのか」と、興味が湧《わ》いた。

それまでも、打者目線を意識して投げてはいた。そうした見方のきっかけを作ってくれたのは、先輩の野手の方々だ。僕が入団当時、ファイターズには稲葉篤紀《あつのり》さん（元ヤクルト、現北海道日本ハムファイターズ スポーツ・コミュニティ・オフィサー＝SCO、「侍ジャパン」監督）、金子誠さん、田中賢介《けんすけ》さん、鶴岡慎也さんら、中堅、ベテランの野手の方が揃《そろ》っていた。その先輩たちがなにげなく話している言葉が、打者目線を考えるきっかけになった。

当時、ビジターの試合が終わったあと、ホテルの食事会場で野手の方のテーブルによくご一緒させてもらっていた。すると、食事が終わっても、先輩たちは野球の話を続けた。中でも、その日の試合で対戦したピッチャーの話題がよく出ていた。そこで、例えば球速を誇る投手との対戦を振り返り、「あのストレートは、150キロといっても全然伸びがなかった。あれなら、先発してた投手の138キロのほうが速く感じた」とか、「途中で出てきた左はボールの出どころが見づらいから、130キロ台でもそうは見えなかった」といった具合だ。そんなやりとりを聞きながら、僕は、「ああ、バッターはこういうふうに感じているのか」「そういうボールが嫌《いや》なんだ」と、いくつも気づかせてもらった。投手同士で話していると自分の感覚とか形といった話にはなるけれど、打者目線の話題は出てこない。実に新鮮であり、僕は野手の人の話を積極的に聞くようになっていった。

打者目線をしっかり意識するようになってからは、フォームの工夫や球の組み合わせ、リリースの角度や間合いなどを、どんどん考えた。野球の勝負は球の速さや変化球のキレを競《きそ》うものではなく、投手が打者をどう抑えるか、打者が投手をいかに打つかというのが本質。勝負を制するためにも、常に打者目線からの「対宮西」を忘れないようにしている。

ケガの功名《こうみょう》で、「外スラ」を覚える

プロ入り1年目は負け試合のリリーフも多かったけれど、左打者へのワンポイントを経て、今は勝ち試合の終盤1イニングを任せてもらうようになった。1イニングを担《にな》うためには、当然、右打者も抑える必要がある。これも1つの壁だったが、対戦を繰り返す中で乗り越えていった。右打者との対戦を振り返るときに、思い出すエピソードがある。

15年オフに、僕は初めて左ヒジの手術をした。クリーニング及び神経移行の手術で、それ自体は深刻なものではなかったが、翌16年、シーズンに入ってもヒジの感覚がなくなったような状態から戻らず、苦労した。開幕をファームで迎え、二軍で投げていても調子が上がらない。ところが5月、いきなり一軍に行くよう指令が来た。もちろん、一軍で働いてこその世界だけれど、そのときは、「ちょっと待ってくれ」というのが正直な気持ちだった。この状態で、どうやって投げたらいいのか。一軍の打者をどうやったら抑えられるのか、イメージが湧かなかった。焦りに焦ったが、結果的には、「その状況で、いかに抑えるか」と考える中で、ある発見があった。

球速もキレもなく、ヒジの感覚も戻らない。そこで、苦しまぎれにヒジの位置を今より大きく下げて投げてみた。普通に投げても通用しないだろうから、せめて目先でも変えようか、と考えたのだ。僕と同じ左のリリーフとして活躍した森福允彦《まさひこ》（元福岡ソフトバンク、巨人）くらいの位置と言えば、読者には伝わるだろうか。いわゆるサイドスローだ。その形の中で少しでも勢いのある球を投げようと、ヒジをあまり使わず、手首のバネをきかせるように心がけた。腕の角度は下げているけれど、感覚的にはダーツを投げるときのように、ヒジから先だけをピュンと走らせたのだった。

それでも好調時の球のキレにはほど遠く、苦心したけれど、その中で発見があった。ヒジを下げたことで、スライダーの曲がりが横に大きくなったのだ。あるとき、ブルペンでこのスライダーを投げたところ、狙ったコースとは違い、右打者で言えば外角のボールゾーンから大きく内に曲がって、キャッチャーのミットにおさまった。新鮮な軌道だった。

というのも、それまでの僕は左打者に対するスライダーなら外へ逃げ、右打者には真ん中近辺から右足の付近へ曲がる。ほぼ一辺倒の使い方しかしていなかったからだ。それが右打者で言うなら、外のボールゾーンから入ってくる、いわゆる「外スラ」の感覚をつかんだのだ。

新しい軌道のスライダーを右打者に使い始めると、これがいいアクセントとなり、投球の幅やメリハリにつながった。やがて、ヒジの感覚が戻り、リリースの位置を本来の高さに戻したけれど、横に大きく曲げるスライダーの感覚は残り、必要なときに外スラも混ぜることができた。するとその16年シーズンは、僕自身は1か月遅れの開幕となり、不安の中での一軍スタートだったにもかかわらず、終わってみれば「最優秀中継ぎ投手」のタイトルを獲《と》るほどの成績を残すことができた。

ちなみに19年の対戦成績で見ると、左打者より右打者のほうが被打率が低かった。最近は1年置きで対右、対左の被打率の上下が入れ替わっている感じだけれど、右打者を安定して抑えられるようになった要因の1つに、右打者の外から曲がりこんでくる外スラとの出会いもあったと思っている。これにより、本来の「内スラ」もより生きるようになった。ケガの功名《こうみょう》とは、まさにこのことだ。

バッターの「もったいない」の心理を利用する

偶然の産物、外スラの話をもう少し続ける。外スラを投じるときには、曲がり始めの目標となるポイントを、今までとは別の位置に決めて投げるようにした。

もともとの持ち球であるほうのスライダーを投じるときもポイントを決めていて、左打者の外角へ逃げる曲がりのときはバッターの右肩付近を狙う。すると、そのラインから左の外へ曲がっていく。右打者のヒザ元へ曲げるときには、縦の軌道をイメージしながら真ん中やや高めから入っていくイメージで投げる。

一方、右打者への外スラのときは、左のバッターボックスの手前・外側の角にポイントを置き、そこから曲がっていけばキャッチャーがストライクゾーンで捕球するあたりのコースにおさまる。僕のイメージ的にはスライダーというより、曲がりの大きさを大切に、ドロンとした軌道のカーブを思い浮かべながら、投げている。

この外スラについて味方の野手と話をすると、「あれは打てない」ではなく、「あれは打たない。手を出さないな」と言われたことがあった。これも発見だった。聞いてみると、「バッターは打ちにいく中で視線から軌道が外れるようなボールや、タイミングをずらされそうな球には、カウントの若いときは手を出したくない。とくに初球は」と、教えてくれた。バッティングカウントでそういった球に手を出して打ち取られると、「もったいないという気持ちが、強く残るからだ」とも言った。この打者心理は、僕にもよくわかった。

僕は打撃が本職ではないが、アマチュア時代や子どものころを思い出しても、狙っていないような球に中途半端《ちゅうとはんぱ》に手を出して凡打したときの悔《くや》しい感じは覚えている。あれだ。外スラは相手打者にすれば、「対宮西」の中でイメージの薄いボール。それを初球から待っているようなケースは、おそらく、まれのまれ。ならば、初球に少々甘くいっても、見逃す確率も高くなるはず。使用頻度《ひんど》が高くなると狙われ、大ケガにつながりかねないけれど、うまく使えば、ワンストライクを確実に取ってから勝負を進められる。バッターの「もったいない」という心理を、うまく活用したい。

第2章

マウンドで思いと力をつなぐ

～継投で結ぶ魂《たましい》とリリーフの技～

個室にこもり、「無」の時間を作る

ここからは、僕が担《にな》うリリーフの仕事を中心に語っていく。本章ではとくに、試合状況の具体的なケースを挙げながら、その局面でリリーフ投手が抑えるためのテクニックや思考に触れる。さらに、先発陣や、僕の前に投げる中継ぎ投手、そして自分を経て、別のリリーフやクローザーへとつなぐ継投の内情や、仲間同士で共有する戦略や思いなども綴《つづ》りたい。

野球界で「ルーティーン」という言葉が流行《はや》り出したのは、いつごろだろうか。おそらく、イチローさん(元シアトル・マリナーズなど)の活躍が大きなきっかけだったように思う。打席の中での所作《しょさ》、あるいは練習の順序など、毎日決まった動きをすることで、いつでも同じ気持ちでプレーに入っていくことができる。ルーティーンとは、そうした決まりごとを指す。

ルーティーンとはまた違い、「これをやったら良い投球ができたから……」などと続けるものもある。こちらは、ゲン担《かつ》ぎ、ジンクスの類《たぐい》。僕もいろいろやっていることがあった。マウンドに向かうときのラインは右足からまたぐ、スパイクは左足から履《は》く、昼の軽食はラーメンしか食べない、オレンジジュースを飲んだ日に調子が良かったので、今日もそれしか飲まない、などなど。でも、いろいろやっていると、どんどん数が増えていって面倒になり、忘れると「しまった!」と思ってしまい、気持ちの中にひっかかりが残る。そんなことが何回かあり、「もう、ええわ」と、やめにした。気持ちをコントロールするための行動のはずなのに、気持ちが乱されていたら、なんのためにやっているのかわからない。それからはなにも意識せずにいこうと決め、そのスタンスを続けている。

でも、1つだけ、今も行っている決まりごとがある。それは、ブルペン入りの前にトイレの個室にこもること。始めてから3年目になる。用を足すためではなく、頭をカラッポにする「無」の時間を作るために、トイレにこもるのだ。

僕たちはシーズン中、常に気が張っている。まして試合日ならよけいに、だ。加えて、球場に入ると、どこにいようが、人がいる。試合が近づくと、場内には大音量の音楽も流れ、落ち着ける場所がない。だが、ベンチ裏や通路にあるトイレは音もある程度遮《さえぎ》られ、ブルペン近辺は人も少ないので、静かな環境で頭をカラッポにできる。ブルペン入りの前の10分、15分、登板時のシチュエーションなんかは一切《いっさい》考えず、とにかく、ボーッとする。ボーッとして、ボーッとして、いよいよ頭が無《む》になったと思ったら、「よし!」と個室を出て、ブルペンへ向かう。この儀式を行うのに少し困るのが、埼玉西武の本拠地・メットライフドームだ。ブルペンが内野後方のファウルゾーンにあり、トイレからも遠い。無になりきっているとたまに時間感覚を忘れ、投手コーチが呼びに来ることがあるけれど、このメットライフドームのときはとくに距離があるため、ブルペンに着くのがいつもより遅くなる。だから、メットライフドームでは、準備を始めるのが若干《じゃっかん》遅れるときがあった。

個室タイムは、本番で集中するために欠かせない時間。ただ、2020年のメットライフドームでは、無の時間は少し早めに切り上げ、余裕を持って準備に入りたい。

本番15分のリリーフ稼業《かぎょう》は、長く待つことでもある

ブルペン待機中に、僕たちリリーフ陣が最も大事に思っているのは、「ブルペンは、ストレスをためない場にしたい」ということ。だから、待機して体をほぐしているようなときは、モニターで試合をチラチラ見ながら、まだリラックスしている。そして、肩を作る時点から切り替えて集中。だいたい、どのピッチャーもこのパターンだ。スイッチを入れるタイミングはみんながわかっているので、一瞬にして空気が切り替わる。まさに、「あうん」の呼吸だ。この切り替えがしっかりできないと、リリーフでは1年ももたない。

試合が進む中、展開によって登板の可能性の高そうなピッチャーからアップをし、キャ

ッチボールに入る。僕の出番は後半なので、だいたいは5回からブルペンへ。長い時間、ブルペンで待機していると気持ちがダレてきたり、モチベーションの維持が難しかったりもする。人間は集中できる時間が限られているので、それを1分でも短くしたいという考えもある。だから、直前までトイレにこもって頭をカラにし、投手コーチが「そろそろだぞ」と呼びに来たらブルペンへ向かう、というのがお決まりの流れだ。そこから体を動かして、キャッチボールをし、リードの展開ならそのままペースを上げ、肩を作っていく。その場合でも、軽くキャッチボールをしているあたりまでは、周囲としゃべっている。「きのう、なに食べた？」「その店、おいしい？」「面白いマンガなんかない？」と会話したり、たまにモニターを見たりして、「この場面、次、なに投げると思う？」などと聞く。

そして、次の回から行くぞ、となると、その回の味方の攻撃で、2アウト後に打者が打席に入ったところから力を入れて投げ、チェンジとなったときに集中力はマックス。ブルペンを出ていく。ブルペンで捕手を座らせて投げる球数は、登板間隔があいていたら、15球程度。連投とか疲れが少したまっているときは、7、8球ほど。そこからマウンドに上がっての投球練習が7球以内で、試合で1イニングをすんなり終わらせたら、10数球。ブルペンの最後から1回を投げ終わるまでしっかり投げるのは、20球から30球ほど。そして、気持ちを入れて働く時間は、15分前後。僕の感覚とすれば、15分はラクではないけれど、この間《かん》は最高の集中力を持って、全力で仕事をする。

でも、改めて考えると、グラウンド入りから長い準備の時間を経て、本番は15分。劇場で長い待ち時間の末、4、5分のステージを務める漫才師のようなサイクルだ。しかし、この短時間の中に、僕の生活も、ときにはチームの命運もかかってくる。本番でいい働きをするために、長い準備期間や待ち時間をいかにすごすか。これこそが大事でもある。

救い、救われ、託《たく》し、託されたメンバーが、しっかりつながる

僕が入ったときのファイターズは守り勝つ野球がスタイルで、最後を締めたMICHEAL《マイケル》さん（のちに巨人などにも在籍。一時期の登録名は、マイケル中村）、その前で投げていた武田久さん（現日本製鉄東海REX《レックス》投手コーチ）、建山義紀《たてやまよしのり》さん（テキサス・レンジャーズなどにも在籍。現「侍ジャパン」投手コーチ）といった、後ろのリリーフ陣が強かった。この強力なブルペン陣を見たところから、僕のプロでのリリーフ人生は始まった。同時に、毎日すごしているブルペン内でのチームワークの大切さを痛感するようにもなった。

多くの球場の場合、ブルペンはグラウンドから離れたところにあるため、リリーフ陣には、

戦いに参加しているような、していないような微妙な感じがある。そんな思いを共有しているからか、一体感が生まれやすい。このあたりの空気が、試合でのつなぎの中でも出てくる。

リリーフで投げていると、点を取られて降りるときもあれば、走者を残して交代する場合もある。また、走者を残しても、次のピッチャーが抑えてくれて救われるときもある。みんなでつないでいく中で、1試合27アウトのうち、終盤の9から12のアウトを、いかにリリーフ陣で取るか。自分が抑えても、別の投手が抑えても同じ。先発からつないでくれた投手がいて、さらに後ろへつなぐ投手もいる中で、自分がその中のパーツの1つとしてマウンドに上がり、アウトを取る。ブルペンの中にこうした思いが生まれ、一体感が高まってくれれば、そのチームのリリーフ陣は強い。

若いリリーフ投手に、よく言うことがある。それは、「後ろには、どんどんラクな状態にして、渡してあげよう。これがブルペンワークやぞ」ということだ。6回に投げる投手は7回、7回に投げる投手は8回、そして、8回に投げた投手は9回へ、いかにラクに回してあげられるか。打順のめぐりを意図的に操作するまでは難しいけれど、気持ちとしたら、9回、1点差でマウンドに上がる投手には、少しでもラクな打順や点差で回してあげたい。

また、ブルペンで準備している投手は、自分がマウンドに上がるときの状況をイメージしながら、体を作っている。「このあたりの打順から始まるな」と考えているだろうイメージとできるだけズレないよう、誰もが任されたイニングをまっとうし、つないでいく。そうすれば、次に登板する投手がマウンドに上がるとき、考えることが少なくてすむ。

後輩のリリーフ陣によく言うことがもう1つある。それは、「前のピッチャーが残したランナーは、死ぬ気で抑えろ」。そこで点を取られたら、試合を追いつかれたら、チームが負けたら、ランナーを残して降板した投手の気分は、いっそう沈んでしまう。

一方、後ろの投手が抑えることができれば、今日の反省をしっかりとし、また明日は「よしっ！」という気持ちでマウンドへ向かえる。とくに、経験の浅い投手が残した走者は、絶対に還《かえ》させてはいけない。助けられた者は、「よしっ！　今度は俺《おれ》が抑えたる」ともなる。こうした関係性がどんどん強固になっていけば、ブルペンの雰囲気も良くなり、チーム戦略の成功確率も高まる。

1つの勝利をつかむために毎日みんなで準備し、試合をつなぐリリーフ陣。でも、みんなで喜び合えることは、意外と少ない。「今日は、リリーフ陣がよくつないで勝てた」という試合でも、3人、4人とつないだ中には、結果の良くない投手が混じることも多いからだ。出番を終えた投手はベンチでともに座って試合を見るけれど、勝利の瞬間に心からの笑顔で握手し合える人ばかりではない。まして、明日はまたどうなるかわからないという頭が、常にリリーフ陣にはある。今日のゲームが終わった瞬間、頭は明日に切り替わっている。

このように、心身ともにタフでなければ務まらない仕事だ。それだけに、リリーフ陣の中では、救い、救われ、託《たく》し、託され、しっかりつながって思いを深めていきたい。

ここまで、リリーフ陣についてのみ語ってきたが、つなぎ続けるという意味では、もちろん先発陣も同じ。登板後には、ベンチでみな並んで試合展開を注視することになる。好投した先発がいることもあれば、ノックアウトされた先発が混じることもある。個々のピッチャーの様々な思いが、1つの試合の中でバトンタッチされ、凝縮《ぎょうしゅく》されていくのだ。

19年シーズンで、おもに先発を担ったのは、15勝をあげてチームの勝ち頭となった有原《ありはら》航平《こうへい》や、オリックスから移籍してきた金子弌大《ちひろ》（18年までの登録名は千尋《ちひろ》）さんのほか、シーズンで、ヨートスターターの難役もこなした加藤貴之《たかゆき》、ときにはリリーフでも働いたブライアン・ロドリゲスや上沢直之《うわさわなおゆき》たちだった。そしてリリーフでは東京ヤクルトから移ってきた秋吉《あきよし》亮《りょう》がおもに勝ち試合の最後を任され、その前を石川直也《なおや》と僕が投げることが多かった。そして、公文克彦《くもんかつひこ》、玉井大翔《たまいたいしょう》、堀瑞輝《ほりみずき》らも、リリーフ陣の一翼《いちよく》を担った。

リリーフの並びについては、そのときのチーム状況や各投手の状態などによって、当然、替わることがある。その中ではストレートに力があって奪三振率も高い石川が抑えとして一本立ちし、経験豊富でいろいろな役割ができる秋吉をより幅広く起用できれば、さらに投手陣のつなぎの幅も増すのではないかと思うこともある。

10
WATANABE
23
NAKASHIMA
9

もちろんそのあたりは、あらゆるファクターをふまえ、監督が判断することだ。誰がどのイニング、局面を担当しようとも、勝利へ向けてみなが力を合わせ、万全《ばんぜん》の態勢で挑むことに変わりはない。20年シーズンはここに書いた面々のほか、新戦力、ケガなどで本領を発揮できなかったメンバーたちも含めて、「つなぐ心や力」のさらなる底上げを目指したい。

戦う打者を間違えず、取るべき相手から3つのアウトを取る

将棋や囲碁の世界では、先を読むのが勝負の分かれ目。相手の打つ手を読みきることで、次の一手が決まる。野球にも通じる話だ。ランナーがいくら出ても、本塁に還らなければ、点は入らない。ピッチャーも、相手の攻め方を読みながら投げなければならない。これは、僕の経験的にリリーフの大事な一要素と思っている。今の話も含めてこの項で話すことは、あくまで宮西尚生の独自の理論。リリーフピッチャー全員にあてはまる話ではないが、僕の「頭の中、思考の一端《いったん》」を紹介したい。

僕がマウンドに上がる試合終盤は、1点もやれない場面が多い。ランナーを出さずに3人で抑えられれば、それに越したことはない。でも、いちばん大事なのは、ランナーを出

しても点を与えないこと。1イニングを任されることが多い僕は、その1イニングの中で失点をしないことを考え、当日の調子やこれまでの相性、ひらめきも加え、確率を考える。野球は確率のスポーツと言われるとおり、僕の頭の中では常に、様々な確率がグルグルと回っている。勝負する相手を見極め、取るべき相手から3つのアウトを取る。

打順があるのだから、順番に打席に入ってきたバッターと対戦するのはもちろんだ。でも、嫌《いや》な予感が強くする相手とは無理に勝負をしない。例えば、回の先頭打者であっても、これまでの相性が悪いとか、1点差で主砲の外国人という場合は、歩かせてOKと考える。先頭打者だから塁に出したくない、とリスクの高い相手と勝負をし、長打や最悪一発を浴びては命取りになる。

ならば、一塁に歩かせて、あとの打者を抑えにかかるほうが無失点で切り抜けられる確率が高くなるかもしれない。いろいろな状況から、そのほうが確率が高いと判断したら、歩かせるし、そうでない場合はもちろん勝負にいく。こういう状況を見ながらの駆け引きや考え方は、1イニングを任されるようになったからこそ、できるようになった。

そのスキルが向上したと思える数字が、1つある。19年の成績を振り返ると、三振奪取率（9イニング換算）が上がっていたのだ。それも前年の7・80から大幅にアップし、9・70。突然ストレートが150キロになったわけでも、スライダーのキレが増したわけでもない。それがプロ12年間の中でも2年目の10・61に次ぐ高さだった。理由は1つではないだろうが、アウトを取れる確率の高い相手と勝負できていた結果も加わっての9・70だったのかもしれない。

戦う相手を間違わないためにも、シチュエーションを繰り返し確認してマウンドに上がり、常にスコアボードのオーダー（打順）を見て、先の展開を予想する。先頭を出しても次のバッターとその次は打ち取れる確率が高い。4人目は少し分が悪いが、5人目は相性がいい。ここで代打が来たら、その場合は……。いくつものパターンを想定し、相性の悪いバッターのところに走者を貯《た》めて回さないことを考える。逆に、抑える確率が高いと考えるバッターは全力で抑えにいく。確率のスポーツである野球では、戦う相手を間違ってはいけない。

独《ひと》りよがりな男気《おとこぎ》より、冷静な頭で投げる

接戦のピンチのとき、ここは勝負していい場面かどうかをわかるピッチャーでなければならない。この頭を持つことが、リリーフ投手にはとくに求められる。この場面でいちばんしてはいけないこと、2番目にしてはいけないことは、戦況、状況によって変わってく

る。状況判断を間違えれば、独《ひと》りよがりのピッチングになり、チームに迷惑をかけてしまう。リリーフならわかることだが、次のピッチャーがブルペンで準備をしているわけだし、まずはゲームを完全に壊さないことが絶対条件だ。次の投手が抑えてくれる可能性も考えず、独りよがりな男気《おとこぎ》で「えいや」と投げて打たれるのが最悪である。状況に応じた勝負勘がリリーフには大事であり、冷静な判断力、先を読んで考える力が必要となる。まだ経験が浅い若手だったり、経験を積んでいるさなかだったりしたなら、なおさらこの考えを持ってほしい。

自分の状態、相性、流れなどを冷静に頭に入れて勝負できているか、ときには次に任せる判断ができるか、リリーフ全員でアウトを取って相手を抑えるという発想を持てているか、ということ。チームが勝つための最善の策を考える。これを全選手が共有できれば、チームは強い。全体を見る目だ。とくにこの1球で勝敗がひっくり返るような場面を任される救援投手は、俯瞰《ふかん》した目を持たないといけない。単に言われたところで投げるだけ、また、自分のことで精一杯《せいいっぱい》になり、確率が悪いのに勝負にいって打たれるだけでは、単なる自己中心的な投球。そういうピッチングをしたと感じた後輩に、こう言ったことがある。

「あの場面、無理に勝負する場面だったのか。フォアボールを出したくない気持ちはわかるけど、次のピッチャーがブルペンで準備している可能性もあっただろ」

ブルペン陣みなで、試合後半の12なり、9のアウトを取るとはこういうこと。我《が》や意地を通すのではなく、チームの勝利を最優先に考える。独りよがりな男気は、チームにはマイナス。無理に勝負にいって、試合を壊すことが最もやってはいけないことだ。相手を抑えることがもちろん理想だが、時にはうまくいかないときもある。投手交代という選択肢《せんたくし》をベンチに残しておくことや、ベンチが作戦を実行できる状況をキープすることも大事。薄っぺらな男気で勝てるほど、プロの勝負は甘くない。チームの勝利のために、常に冷静に頭を働かせて投げることも、リリーフにとって必要な要素と言える。

リスク回避の感覚を研《と》ぎ澄《す》ます

勝負に際しては、万全な準備で挑《いど》む一方、「ひらめき」も大切にしている。コーチとして指導してくださった吉井理人さんからは、「直感は、経験を積んでこそ身につく。大事にしろ」と教えられた。確かに、年々危険を察知する力が高まってきたように思う。

投げる瞬間にふと嫌な予感が走って、ボールゾーンへ投げることがある。こうした「嫌な予感」は、ボールを握った瞬間に感じることもある。マウンドに上がり、ボールを受け取ると、僕はまず真っ直《ま　す》ぐとスライダーの握りを確認する。投球練習の前にこの確認をしっかりするから、まず時間がかかる。そのあと、ボールを替えるときもある。握った感じがしっくりこない、このまま投げるとコントロールが乱れそう、抜け球になって長打を浴びそう……。少しでもマイナスのイメージが浮かんだら、審判にボールの交換を要求する。

試合の中でも、ボールの交換は多いタイプだと思う。第1章でもお話ししたような「間延び」が、ここでまた起きることにもなるのだが、不安は完全に消して投げたいので、手に馴染《なじ》まなければ何度でもボールを交換する。これもまた譲れない。ボールはもちろん同じ規格で作られているけれど、縫《ぬ》い目が高く感じたり、低く感じたり、皮の部分が滑りやすく感じたり、湿っているように感じたりと、様々な微差がある。

ボールがしっくり手に馴染めば、捕手のサインを見て、セットに入る。すると、ここでまた直感が働くときがある。さあ、投げるぞ、とバッターと対峙《たいじ》したときに感じる気配だ。

相手の狙《ねら》いやリズム、雰囲気……。18・44メートル先から伝わってくる空気に、「まずい」「打たれる」と予感が走ったら、即、プレートを外す。再びセットに入り、まだ嫌な予感が残っていたら、もう一度外す。このときも、たっぷり時間をかける。とにかく、不安を感じたまま投げることはしない。なんとなく投げて打たれたときほど、悔しいことはないからだ。

逆に、嫌な予感が走ったとき、あえて時間をかけて投げたケースでは、良い結果だった覚えが多い。不安や迷いが消え、頭が整理されると、腕もしっかり振れるのだろう。

とくにこのあたりの気配を強く感じるようになったのは、ここ3、4年。勝ちゲームの終盤を任され、負けられない、変なピッチングはできない責任感の高まりが、リスク回避の感覚をより研《と》ぎ澄《す》ましたのか。「経験の力」が知らせてくれる「心の声」には、素直に従うようにしている。

「還さなきゃいい」のダルビッシュ流に同意する

ここ数年、投げていて感じるのが各チームの走塁技術の進歩だ。単純に足が速い選手が増えたし、飛び抜けて速い選手も出てきた。19年の「プレミア12」で「侍ジャパン」の一員として活躍した周東《しゅうとう》佑京《うきょう》（福岡ソフトバンク）のように、本当に、「速くなりすぎだろ」「種目が違うんじゃないか」と思うくらいの選手もいる。そうした現状をピッチャーはどう考えるか。もちろん、僕も走者を簡単に走らせたくはないし、スタートを遅らせるため、いろいろと考える。間合いもそうだし、牽制《けんせい》もチームで重点を置いてやっている。

ただ、7、8回に投げることがほとんどの僕は、僅差《きんさ》で足の速いランナーを一塁に置いたときに重視するのは、どうしたら走られないかではなく、このランナーに走られたとして、「そのあと、どう抑えるか」ということ。走られたあとの相手の攻めを一手一手読みながら、考える。仮に一死や二死で一塁走者に走られてスコアリングポジションに進まれたとしても、なかば想定内。ここからだと考える。僕が登板するときは1点を争うような場面も多いけれど、それくらい、腹を決めている。

もちろん僕も、ランナーのスタートを遅らせたり、簡単にスタートを切らせなかったりするために、様々な駆け引きもする。でも、基本的には走られたあとのことを考えている。1点勝負なら、もちろんランナーを進めたくない気持ちはあるし、少しでも本塁から遠くに置いておきたいのが投手心理だが、「1点差だからこそ、腹を決めてバッター勝負」というのが、リリーフで生きてきた僕の思考。元チームメイトのダルビッシュ有（現シカゴ・カブス）も、よく言っていた。

「別に走られても、抑えたらいいいんでしょ」

ダルビッシュ級だからこその言葉だが、その真意は同じだ。たとえ無死で盗塁されてランナー二塁となっても、1つずつアウトを取ってヒットを打たれなければ、最低1点しか取られない。

ストッパー経験がある吉井理人さんもやはり、「バッター勝負だ」と強調していた。「牽制も大事やけど、打者の勝負がおろそかになると、2点取られる可能性が広がる。それが、いちばんやってはいけないこと」

つまり、今、対戦中の打者にも出塁されてピンチ拡大が最悪。点差や状況によるけれど、頭の中は、基本バッター9割。残りの1割の意識で、どれだけランナーを釘づけにできるか。

牽制とクイックの技術が高いに越したことはない。でも、ランナーに意識を向けすぎて、バッターへの注意力が低下するのは避けるべき。勝負のマウンドで3つも4つも考えていては、集中できない。マウンドに上がるまでは、目一杯《めいっぱい》考えて、頭を整理。考えないといけないことはできるだけ減らし、そしてマウンドではバッターを打ち取ることに集中する。どんな場面でもピッチャーたるもの、バッターをおろそかにしてはいけないのだ。

「回またぎ」に不向きでも、奥の手を使って克服する

リリーフにも、様々なタイプがある。登板する場面も、勝ち試合、劣勢の場面。役割も、ロングリリーフ、ワンポイント、セットアッパー、クローザー……。最近は、リリーフ投

手の適性を語る中で、「回またぎ」という言葉も聞こえてくる。これは、例えば7回から登板し、8回も続けてマウンドに上がるような起用法を指す。

僕はこの回またぎがあまり得意ではない。自分なりに考えると、今のポジションにつくまでの経緯が関係していると思う。

僕はプロのスタートが、ワンポイントを含めた短いリリーフ。まさに1人を打ち取るために最大限の集中でマウンドへ上がり、全力投球。そんな一発勝負のスタートから、今は1イニングを任されるようになった。そうした段階を踏んできたので、イニングを終え、ベンチに戻ると、「ひと仕事、終わった」という感じで、集中力が途切れやすい。このようなメンタルは制御できないといけないが、長年の習慣で染《し》みついたものもある。これが先発をしていた投手がリリーフとなった場合なら、先発は言わば、回またぎの繰り返し。イニングを重ねて投げていく経験をしてきた下地《したじ》があるので、このタイプはリリーフになっても、回をまたぐことをあまり苦にしない。個人差はあるだろうが、そんな傾向は感じる。

ただ——。12年もリリーフをやっていると、チーム事情によって、回またぎを任される場面が、ときに出てくる。もちろん、僕もチーム事情となれば、そのときは回をまたぐ。でも、振り返ればやはり、「回またぎは難しかった」というのが実感だ。とくに1イニングのみを任される機会がほとんどになってきた今だからこそ、より難しさを感じるようになった。

回をまたぐときは、１イニング目を投げ終わり、ベンチに戻ってから、しばらく座って試合を見る。二死後、ベンチ前でキャッチボールをし、２イニング目のマウンドへ向かう。これが流れだが、一度座ると、次も投げると頭ではわかっていても、体が仕事を終えた感じになってしまう。過去、３度のまたぎは覚えているが、最初はこのパターンで良い結果が出なかった。

２度目は１度目の失敗経験を生かし、１イニング目を終えてベンチに戻っても、座らずにベンチ裏で、うろうろ。２アウトになったらキャッチボールをして、マウンドへ向かった。でも、このときもダメ。やっぱり回またぎは難しいと、最後にもう１つ別のパターンを試《ため》した。チェンジになってベンチに戻ると、そこでブルペンへ入り、投球練習をしたのだ。つまり、初めにマウンドへ上がったときと同じ状況を作り、２イニング目もブルペンからマウンドへ向かったのだ。結果は、このときだけ、２イニング目を抑えることができた。

ただ、このやり方は続けられないと思った。もともとブルペンで肩を作り、１イニング目に10数球、２度目のブルペンでも10数球、２イニング目にも10数球。リリーフで30球、40球となると、キツい。これは、「ここぞ！」「この１試合！」というときにしかできないと、すぐにわかった。もし、僕が回またぎで投げているときがあれば、それはチームの緊急事態か、なにかしらの事情があると思ってもらって、まず間違いない。

HOKKAIDO
NIPPONHAM
FIGHTERS

第3章

リリーフはメンタルで戦う

～強き心の作り方、失敗克服法～

最低50試合登板を、自らの生きる道と見いだす

引き続き、リリーフ論を展開していこう。とくに本章では、リリーフ陣に必要とされる特有のメンタルについて述べたい。重圧や不安に向き合い続けてきた僕なりのプレッシャー克服法やメンタル術が、みなさんにとって、なにかしら参考になるかもしれない。

そのときはなにげない気持ちで聞いたひと言が、あとあとまで深く残ることがある。プロ野球人として歩き出した1年目、僕はのちの野球人生を示唆《しさ》するような言葉と出会った。

1年目の僕は、元に戻したフォームで、球種は2つ。とにかくガムシャラに、打者へ向かって投げていた。不安を抱《かか》えながら、一方では、「ドラフト評価では差をつけられた大学の同期たちに負けたくない」という思いも、強く持っていた。

一軍初登板は2008年3月25日の埼玉西武戦（札幌ドーム）。9対1と大きくリードした8回、1イニングを投げた。無失点には抑えたが、ヒットあり、デッドボールありで、三振も2つ。ある意味、賑《にぎ》やかな投球だったけれど、実は具体的なピッチング内容も、足が

震えていたかどうかも、よく覚えていない。そこから6か月余り、緊張感の中で、シーズン終わりまでなんとか投げきることができた。

登板数は、ちょうど50試合。リリーフ投手の防御率の考え方は様々だが、45回3分の1を投げ、自責点22の防御率4・37。それなりに打たれていた。でも、なんとか50試合を投げ、そこからシーズン50試合以上登板が19年シーズンまで12年間続いてきたのだから、感《かん》慨深《がいぶか》いものがある。

しかし、実はこの1年目の08年、本当なら49試合で終わる可能性があった。シーズン終盤は心も体も疲れきり、生意気にも、「もう投げなくていいです」と厚澤和幸コーチに伝えていたのだ。初めてのプロの1年を一軍ですごしたことで、心も体も疲れきっていた。後半は、「早くシーズンが終わってほしい」「もう投げたくない」と、それればかり思っていた。

ところが厚澤さんは、「50試合は投げろ」と、ノルマを課してきた。僕は50試合と言われてもピンとこなかったので、「もういいです、投げたくないです」と首を振り続けたけれど、49試合目まで来たところで、厚澤さんが真顔で言ってきた。「あと1試合は、なにがあっても投げろ。50試合を投げたというのは、リリーフで1年間働いたという証《あかし》だ」

僕はそれでも、「もういいです」と逃げていた。しかし最後は、厚澤さんが、当時リリーフの主力だった武田久さんの出番のときに、「宮西に1人だけ投げさせてやってくれ」と頼み、久さんも「いいですよ」と答えてくれ、僕のシーズン最終登板が実現。この日、1人だけに投げ、登板数がちょうど50試合となった。

何度かのやり取りの中で、厚澤さんからはこうも言われた。

「この先も、シーズン50試合を目標にしていけ。リリーフは最高50試合、最低50試合や」

今となっては、まさに僕の進むべき道に光を灯《とも》してくれたような言葉だ。

最近は60試合、70試合を超えて投げるピッチャーもいるが、まず評価となるのが、50試合。僕はそう思っているし、50試合を毎年クリアしていくことが僕の自信にもなり、チームからの信頼も深まると、厚澤さんは教えてくれたのだ。1年目に50試合登板にこだわってくれた厚澤さんのおかげで、ここまで12年、途切れることなく積み上げてくることができた。リリーフは最高50試合、最低50試合——。この先も、胸に携《たずさ》えて投げていく。

失敗の原因をハッキリさせたら、あとは「しゃあない」と考える

「勤続疲労」という言葉がある。長期にわたって働き続けてきたことで疲れが蓄積し、能力が落ちたり調子を崩《くず》してしまったりすることを言う。まさに、リリーフの仕事に対して

浮かぶ言葉だ。疲労がたまっていくのは肉体だけではない。精神面もだ。

リリーフは、精神面の疲れからこらえきれなくなり、成績を落としていくケースが多いと、僕は思っている。それほど、勝負を左右する場面での登板の連続や毎日の準備が続く仕事は、心身ともに疲弊《ひへい》する。だから、いくら素晴らしいボールを持っていても、タフな心が伴《ともな》っていないと、リリーフとして継続的に成績を残すことは難しい。

シーズンなかばあたりまでは調子がいいけれど、後半になると調子を落とすリリーフ投手がいる。僕も同じようになった経験がある。もちろん長いシーズンの中で体力が消耗《しょうもう》することや、経験不足からコンディションを崩すこともある。でも、僕の実体験からすると、メンタルが疲れきってパフォーマンスが落ちるケースが多いように思う。

いつ登板が来るかわからない中で緊張感を持続させなければならないのが、リリーフという役割。ときにはチームの勝利や、前に投げていた投手の勝ちを消してしまうこともある。こうしたものに加えて、僕はもう１つ感じる重圧がある。「抑えて当たり前」という「周囲の目」だ。何年か結果を出したリリーフ投手には、必ずこの「目」がつきまとってくる。これがキツい。それだけ期待が大きいのはありがたいことでもあるけれど、投げる者とすれば、抑えて当たり前という空気の中で登板するのは非常につらい。

僕も経験があるワンポイントリリーフに対する目もそうだ。「左対左」は抑えて当然という見方が、ファンの中にもある。「右対右」ではそこまで思われないけれど、「左対左」のワンポイントとなると、「そのために出てきた」「必ず抑えてくれる」と、ハードルがぐっと上がる気がする。9回に出てくるクローザーに対してはもちろん、勝利の方程式に組み込まれているセットアッパーにも、おおむね、そういう見方がある。

僕も過去には、心の疲れから、「グラウンドに行きたくない」「投げたくない」と思う時期が何度かあった。人間、誰でもテンションの高いとき、気持ちが乗っているときは体が動く。でも、気分が乗らないときは、体がものすごく重く感じる。どちらのときも、体を動かしているのは、心だと痛感する。リリーフの失敗が続いたときに、どう気分転換を図《はか》るか。これは今まで散々考えてきたテーマであり、自分なりにいろいろと試《ため》してきた。

若かったころは、気分を紛《まぎ》らわせるために試合後、食事に行ったりもした。なんとか考えないようにつとめてもみた。しかし結局、12年でたどりついた答えは、「なにをやっても気休めでしかない」ということ。失った自信、乱れた心を戻すには、次に結果を出すしかない。そうしたマイナスイメージの解消法がハッキリしたので、目先の気分転換はしなくなった。

悶々《もんもん》とした気分の中で、段々と次のような考えに至っていった。

「うまくいかなかったときは、反省すべきところをしっかり反省する」

ただ、あそこでこうしておけば、とは考えない。そんな「タラレバ」はいくら考えても、結果は覆《くつがえ》らないからだ。考えるのは、なにがダメだったのか、という原因だけ。コントロールが甘かったのか、配球がまずかったのか、勝負する打者を間違えたのか、心に迷いを持ったまま投げてしまったのか、コンディションの問題か。その原因だけをハッキリさせる。そして、「しゃあない」と割りきって寝る。無理やりにでも、「しゃあない」ということにするのだ。そして次の登板で、モヤモヤした気分を晴らすために投げる。結局、それしかない。

同じ失敗は二度しないと思いすぎない。ただ、努力の仕方は変える

同じ失敗は二度しないことが大事——。一般社会でもよく言われることだろう。でも、僕の考えは、少し違う。前項と似た話になるけれど、「二度としない」と思いすぎると、また心理的プレッシャーになり、繰り返してしまうことがあると思うからだ。もちろん、同じ失敗は繰り返さないほうがいいが、僕は「同じ失敗を二度することもある」と、あえて考えるようにしている。ただ、そうした発想に、こうつなげて考える。「大事なことは、漠然《ばくぜん》と同じ失敗を繰り返さないこと」と。

一軍経験が少ない、ある若手ピッチャーの投球で、こんなことがあった。バッターを追

い込んだあとのキャッチャーのボール球要求に対し、ストライクゾーンへ投げて打たれたのだ。さらに、次の登板以降も何度か同じことがあり、僕は彼の投球を見ながら、「なんでや?」と思うようになっていた。そしてあるタイミングで、本人と少し話をした。

「なんでコーチに注意されているか、わかっているよな?」

「わかっています」

「なんで、外すボールが投げられへんの?」

「自分では投げているつもりなんですけど、ストライクゾーンに行ってしまうんです」

「なら、技術不足やろ」

そう言って僕は、1つのアドバイスをした。

「ブルペンではみんな、ストライクゾーンの四隅《よすみ》に投げようとする。お前も同じように投げているよな。それを変えてみたらどうや。今度は、ブルペンでの最後の2球を完全なボールゾーンに投げてから、マウンドへ行ってみ?」

コースを外せないなら、高低で考えて、ワンバウンドで外してもいい。とにかくボールゾーンにしっかり投げてから試合に入っていけ、という意味合いで言ったのだ。すると、彼は次の試合で実践し、ようやく、キャッチャーのボール球要求にコースも外し、ワンバウンドのボールを投げた。これをキャッチャーがしっかり止め、一段階クリアとなった。

ボールゾーンに投げないといけないのはわかっているけれど、できない。そこでどうしたらいいいか、改善するためになにをすればいいいか、がわかっていなかった。毎日当たり前のようにストライクを投げる練習はしていたけれど、試合で失敗が続いていた彼にとって必要だったのは、「狙《ねら》ってボール球を投げること」だった。ならば、シンプルにそのための練習をしてみるのも、改善策の１つだったということだ。

ボール球を投げる練習をブルペンでするなんて……という常識にとらわれていてはいけない。彼にとっては、ボール球を投げることが求められる課題だったのだから。単に、「同じ失敗を繰り返しちゃいけない」と思うだけではなく、そのためになにをするか。少し視点を転換し、努力の仕方を変えてみると、解決の近道へたどり着くこともあるのだ。

失敗が許されない場面だからこそ、ダメダメの発想を捨てる

もう１つ、リリーフ失敗時のメンタル克服法の話。失敗した次の登板は、いつも以上のプレッシャーを感じる。次の登板まで時間があく先発投手は憂鬱《ゆううつ》な時間が長いとも言うけれど、リリーフはリリーフで厳しい。打たれた翌日もいつもどおりグラウンドに来て、登

板に向けて準備しなければならないからだ。早々にリベンジのチャンスがめぐってくるとも言えるが、その登板でまた失敗するかもしれない。まだ前日の失敗の記憶が薄れていない中で再びマウンドに上がるときの精神面のキツさは、かなりのものだ。

そうした苦悩やおびえは、もちろん僕も経験がある。若いときほど、「また打たれるのでは？」といった弱気な心が現れ、本当に足が震えるときがあった。もちろん、チームメイトもベンチもファンも見ている前で弱気な表情は見せられないので、極力、平静を装う。ただ、ああいった極限の状況で、本心から「やってやる！」という強い思いを持ってバッターに向かっていけるピッチャーはほとんどいない。だから今、そうした状況でマウンドに上がらなければならない若い投手を見ていると、ブルペンを出ていくときには心から「頑《がん》張《ば》れ！」と思う。ファンの方も、前回の登板で結果の出なかった救援投手がマウンドに上がってきたときには、ぜひ、その心境を想像し、いつも以上の大きな声援を送ってほしい。

マウンドに上がれば、あとは自分がやるしかない。とはいえ、前回の記憶が強く頭に残っていると、どうしてもマイナス思考になりがちだ。それをいかに振り払うか。打たれちゃダメ、フォアボールを出しちゃダメ、失敗しちゃダメ……。ダメダメダメの発想は、自分で自分を追い詰め、投げる前からピッチングを苦しくする。

振り返れば、1、2年目のころは僕も余裕がなかった。一軍から外されないために結果が必要だったし、そう思うと、どんどん考え方が窮屈《きゅうくつ》になっていた。フォアボールを出しちゃいけない、先頭打者を出しちゃいけない、左に打たれちゃいけない……。ダメダメダメの発想だ。これは経験を積んでわかっていくことだけれど、そうした「しちゃダメ」思考で、いいことはなにもない。結果を気にしすぎると、必要以上に力《りき》むし、縮こまるし、試合の流れや状況も見えなくなる。

事前に失敗しないための準備はしっかりとし、最悪の状況を想定することも必要だが、「失敗したらダメだ」「打たれたらダメだ」とは考えない。頭をすっきりさせてマウンドに上がれば、あとは目の前のバッターをどう抑えるかだけに気持ちを集中する。その状況に身を置くところまでいければ、おそらく前日のような結果にはならないはずだ。

心の隙《すき》を作らないために、お立ち台では弾《はじ》けない

「こんなへボいピッチャーの後ろでは守りたくない」

まだ僕が若手だったころ、ピシャリと僕にこう言ってきたのは金子誠さんだった。ある試合で僕の調子が良くなかったとき、ショートを守っていた金子さんの目に、僕の後ろ姿

が覇気《はき》のないものに映ったのだろう。厳しい声が飛んできた。

ピッチャーがそんなことでどうするんだ、というゲキだったが、僕はこのひと言に気づかされたことがあった。そうか、野手の人たちはピッチャーの背中を見ているのか、と。それからは、野手から常に見られているものと自覚して、マウンドに立つようになった。

だから今は、心の中で実はドキドキだったとしても、今日はボールがいっていないと感じているときでも、投手交代の際には「黙って守っとけ。俺《おれ》が抑えたる」というくらいの雰囲気を出して野手が集まるダイヤモンドへ走っていくし、マウンドにも堂々と立つように心がけている。ピッチャーは、ときに役者にならないといけないと思うようにもなった。ファイターズの打線なら4番の中田翔《しょう》がホームランやタイムリーを打てば盛り上がるように、7人の野手に背中を見られているピッチャーも、戦いの空気を左右する立場にいる。ときにはムードを上げるために、あえて態度、表情に出すときもある、ガッツポーズをして、吠《ほ》えるときもある。

ただ、普段は感情の波を作らないように、極力努めている。1つひとつのプレーに一喜《いっき》一憂《いちゆう》していては、長いシーズン、気持ちを保てないからだ。浮き沈みを作ると、メンタルから調子を崩してしまうことにもなる。

いい投球をしたり、ピンチを封じたりすれば、もちろん気分は上がる。でも、そこで気持ちが上がりすぎないように、抑えにかかる。一瞬上がっても、すぐにスッと冷まして、元に戻すようにしている。逆に、打たれても気持ちをガクッと落とさない。内容が悪かったあともベンチで試合を見るわけで、いつまでもマイナスな空気を出してはいられない。また、感情の出し入れという点で難しいのが、ヒーローインタビューだ。僕は普段、「ヒーロー」扱いとなってリクエストを受けても、基本的にはお立ち台をことわっている。

それでも、区切りの記録達成時や、「どうしても」というときは、ヒーローインタビューに出ていくけれど、そうなると、少し困る。元々しゃべり好きだし、試合終了直後は当然テンションも上がっているので、本心は思う存分しゃべりたい。弾《はじ》けて、ファンの人と盛り上がりたい。でも、それは控えるようにしている。理由はやはり、僕がリリーフだからだ。

いくら今日、いいピッチングで勝利に貢献できたとしても、明日はここ一番の場面で抑えきれず、戦犯扱いされているかもしれない。それが怖《こわ》いのではなく、気持ちの波を作ると隙《すき》ができて、明日以降の投球に影響することを避けたいのだ。だから、ヒーローインタビューでも静かに、「ありがとうございました。今日はなんとか抑えることができました。明日もまた応援よろしくお願いします」と、ごく普通の受け答えになりがち。もし、そういったあまり面白くないインタビューを目にしたときは、本当は弾けたいんだろうな……と、僕の胸の内を察してもらえると、ありがたい。ヒーローインタビューがファンサービ

人輝く、食の未来
道新スポーツ
ビックカメラ
DUNLOP
ホクレン
ELEVEN
SAPPORO
Coca-Cola
FIGHTERS
NAOKI MIYANISHI
北海道新聞

スの一環でもあることは重々わかっている。その分、トークは、オフのイベントのときにたっぷり頑張《がんば》らせてもらう。

経験の力で、「口から心臓」の超緊張場面を乗り越える

リリーフの仕事は、胸が締めつけられるような場面の連続だ。心臓には相当負担をかけ続けてきたと思う。公式戦では、19年終了時点で684試合に登板。ドキドキの場面を何度も経験してきた。極度の緊張ということでは、17年に日本代表として戦ったWBC（ワールド・ベースボール・クラシック）も印象深い。でも、「これまでの野球人生の中で、最も緊張した場面は？」と聞かれれば、迷わずこの一戦を挙げる。

16年10月26日、広島東洋カープとの日本シリーズ第4戦（札幌ドーム）。2点リードの9回表二死満塁で、丸佳浩《まるよしひろ》（現巨人）と対峙《たいじ》した場面だ。まさに野球マンガに出てくるような、究極のシーン。しかも、舞台は日本シリーズだ。「足が震える」を超えて、心臓が口から飛び出すのではないかと思うほど、緊張しながら投げたことを覚えている。

カウントは3－2となり、最後の1球を迎える。なにを投げるか、セットに入る直前ま

で考えた。答えは出ていたのだけれど、頭の中で何度も考えを整理し、自分の気持ちを確認したというのが実際のところだった。選んだ勝負球は、やはりスライダー。頭の中ではスライダーをコースに投げきれば打ち取れるイメージはできていた。とはいえ、状況が状況。いつもどおり投げきれるのか。あの場面、戦っていた相手は、打席に立っている丸よりも、自分自身だった。

セットに入ってから僕は、「できる」「大丈夫」「できる」「大丈夫」「大丈夫」「大丈夫」……とずっとつぶやいていた。足を上げて投げる瞬間までも、「大丈夫、大丈夫……」と続け、最後に「やっ！」と投げた。迷いなく腕を振った外角スライダーに、丸のバットが空《くう》を切り、三振。こうして思い出しても鳥肌が立つ、勝利の瞬間だった。

シーズン中なら、同じ場面でも「心臓が口から……」とまではならなかっただろう。まだ1点リードで、フォアボールを出しても同点。最悪、逆転を許さなければ、という考えでも投げられたはず。でも、短期決戦の日本シリーズの場合は、1球でその試合だけでなく、シリーズ全体の流れが変わることもある。あの場面は、まさに流れが動く可能性を秘めた究極のシチュエーションだった。

この試合を経験して以降は、どんな状況がめぐってきても、落ち着いて投げることができるようになった。しんどい中で勝負を楽しむ……そうした気分が少しわかるようになったのも、あの難局を乗り越えてから。
経験の力は偉大なり――。そんなことを実感した一戦でもあった。

ベンチでの「爆発」は究極の無力感が原因。改めて自分の役割に気づく

「すみません、明日から切り替えてやります」

19年のシーズン後半、監督室に行って、栗山英樹監督（元ヤクルト）に頭を下げたことがあった。9月4日、ZOZO《ゾゾ》マリンスタジアムでの千葉ロッテ戦。翌日以降の報道でもいろいろと取り上げられたので、覚えているファンの方もいるだろう。

僕はその試合で、2対1の8回から登板。同点に追いつかれ、その後、ベンチに帰ったところで、グラブを投げつけてしまったのだ。抑えられなかった。せめて裏でやるべきだったと、あとで反省したが、あのときはいろいろな気持ちが入り混じっていた。ベンチ裏にたどり着くまでのわずかな時間、わずかな距離も我慢できず、感情を爆発させてしまった。

見ていたファンの方たちも、記者の人も、2つの野手エラーが絡《から》んで同点にされ、イライラが爆発したと思ったかもしれないけれど、エラーは直接的な「爆発」の原因ではなか

った。今はバックを守るのが後輩ばかりで、経験が浅い中でよくやっているという気持ちも強い。野球にミスはつきものという頭も、もちろん常に持っている。あのときの感情を振り返ると、チームとして沈んだ空気の中でミスが出たことに対して、思うところが1つあった。

あのころ、チーム状況はどん底だった。8月なかばまではなんとか優勝争いの圏内で踏ん張っていたけれど、夏の終わりから急降下。勝ちゲームがないどころか、リード、あるいは同点で試合後半を迎えるという展開が作れず、僕の出番もすっかりなくなってしまっていた。振り返ると、8月24日のオリックス戦に、勝利した試合で1イニングを投げて以降は登板間隔があき、あまりにあきすぎるため、31日の東北楽天戦の負け試合で3分の2回を投げたけれど、それだけ。

そんな中、11日ぶりにめぐってきた勝ち試合でのマウンドが、この場面だった。でも、前述したように、1点リードの8回に登板したところで同点とされ、その回を投げ終えたところで、マウンドを降りた（試合は、9回にサヨナラ負け）。

そもそもチームが苦しい中で、登板が回ってこないフラストレーションがたまっていた。毎日ブルペンで準備しながら、試合で投げることができない。なにも力になれないというイライラがあった。だから、久々の勝ち試合でのリリーフに、もちろん気合いを入れてマウンドに上がったわけだが、そこでのチームの空気がまるでお通夜みたいに沈んでいた。まったく覇気がなく、シーズン終了みたいに、僕には感じられたのだ。

「え、今日は勝っているのに、この空気はなんや！」と。そこで、ちょっとイラッとなった。それをまず感じていた中で、結果的に同点に追いつかれた。すると、なんとも言えない無力感が襲ってきたのだった。

なにに対する無力感かと言えば、それはもう自分自身だ。結果的には自分が投げたところで追いつかれ、チームに良い流れを作れなかった。ようやくめぐってきたチャンスも、勝利につなげられなかった。

そこで思ったのは、「結局、自分1人じゃ、なにもできないんだ」ということ。リリーフの僕は、先発が頑張って、野手がしっかり守って、打ってくれて、やっと自分の出番が回ってくる。そうした局面でも、また野手がしっかり守ってアウトを取ってくれて、あとに投げるピッチャーも抑えてくれないと、いくら僕が勝ちに貢献したいと思っても果たせない。当たり前と言えば当たり前だが、「リリーフの僕がチームのためにできることというのは、あまりにも小さいなぁ」と、多大な無力感を感じ、気づいたらグラブを投げつけていた……。

その前後の詳しい行動はよく覚えていないが、ロッカーに行ってからもしばらくイライラがおさまらず、動けなかった。そして試合が終わって少したったところで冷静になると、「やってもうた……」という気になった。このままではチームに対しても良くないし、自分の中でも「騒動に区切りをつけたい」と思い、監督室に向かった。そして、ドアをあけてからの、冒頭の謝罪発言だった。

ところが、栗山監督からは、僕のベンチでの振る舞いについてのおとがめは一切《いっさい》なく、逆に「ありがとう」と言われた。一瞬、「え？」となったけれど、実はあの試合が、僕にとってのシーズン50試合目の登板だった。

12年連続。ということは、栗山監督となってからの8年すべてで記録していることでもある。監督としてその意味を込めての「ありがとう」だったのかと受け取ったけれど、ベンチでの行動については、本当にひと言もなかった。そこでまた改めて、チームに対し、監督に対し、申し訳なかったという思いと、自分はできることをやっていくしかないという、当たり前の考えに行き着いた。

オフの契約更改のときも、球団から、あの試合、あの行動に関する話は一切出なかった。「僕の気持ちを理解してくれている」「個々の選手のことをしっかり見てくれている」と感じ、そういう対応をしていただく中で、また「チームのために」という思いを新たにした。1人の選手として、今後もただひたすら全力で投げるしかない。

切り替えじょうずが、大舞台で力を出す

17年、日本代表の一員として戦ったWBCは、貴重な経験だった。海外の選手たちと、国の威信をかけて戦う。プレーヤーとして、最高の舞台を踏ませてもらった。同時に、チームメイトとなった日本代表の選手たちからの刺激も大きかった。招集が決まったときから興味があったのが、トッププレーヤーたちの気持ちの作り方や試合への入り方といった、意識の部分だった。多くは15年11月に行われた「プレミア12」の出場メンバーで、僕はWBCからの合流。僕が入ったときにはチームとしての空気が完全に出来上がっていたけれど、さすがは超一流の集団。彼らはその段階で自分がなにを求められているかをしっかり理解し、ゲームの中だけでなく、普段の行動においても役割を十分心得ていた。

常にチームの中心で動いていたのは松田宣浩《のぶひろ》さん（福岡ソフトバンク）だった。ベンチでもグラウンドでも声を出し、みんなのまとめ役。さらに、青木宣親《のりちか》さん（当時はヒューストン・アストロズ、現東京ヤクルト）や内川聖一《せいいち》さん（福岡ソフトバンク）らがフォローし、常にいい雰囲気の中で戦えた。

投手陣では平野佳寿《よしひさ》さん（当時はオリックス、現シアトル・マリナーズ）が盛り上げ役で、お笑い担当のようになっていた。平野さんは、いろいろな選手に声をかけ、ときにはいじって、ブルペンのムード作りに尽力《じんりょく》していた。極度の緊張の中で戦うだけに、スイッチのオン・オフができないと、本番で力を発揮できない。トッププレーヤーたちに触れて感じたのは、やはりその切り替えの大切さだった。こうしたメンタル面の対応力は普段から僕も大事にしていた部分なので、代表チームの中に身を置き、改めてその大切さを感じることができた。

そして試合になると、誰もが自分の役割を認識し、来たるべき出番に備えていた。ブルペンの場合は、試合が進んでいく中で、首脳陣からの指示がなくても、「そろそろ俺が準備かな」とか「次は俺か」と、肩を作り始める。とくに普段からリリーフをしている人たちは流れを察する能力も高いので、所属チームにいるようなスムーズさで動いていた。

たまに、ここはどうかなという場面があると、牧田和久《まきたかずひさ》さん（当時は埼玉西武、現東北楽天）らでも、「ちょっと聞いてくる」と、コーチのもとに走っていた。気になることはあいまいにせず、即、確認。新しい発見があったというより、「一流選手は、やるべきことをきっちりやる、役割を心得ている」ということを再認識できたＷＢＣ。言うまでもなく、真のトッププレーヤーは、技術はもちろん、意識も超一流だった。

後輩・大谷翔平《しょうへい》の超一流の意識にも学ぶ

ＷＢＣのメンバーたちに感じた意識の高さは、ファイターズでの後輩で今やメジャーリーグを舞台に戦う大谷翔平《しょうへい》（現ロサンジェルス・エンジェルス）からも強く感じていた。ポテンシャルの高さは誰が見てもわかるけれど、5年間（13〜17年）、一緒にプレーして最も感心させられたのは、意識の部分だった。あれだけ注目された中でプロの世界に飛び込んできたのに、すでに18歳にして、「自分」を持っていた。やるべきこと、目指すべき場所がわかっているから、一切ぶれることなく、1日1日を緩《ゆる》みなくすごし、積み重ねていっていた。少し故障があったりしても、そのあいだにやるべきことをやっているから、停滞していた感じがしない。なにをすべきかなんて、僕は6、7年やってようやくわかるようになってきたけれど、翔平は高卒の1年目でわかっていた。とんでもない18歳だったし、その姿勢は以後も変わらなかった。

あれだけの選手になると、様々な誘惑もあるだろう。でも、そんなことには一切反応しない。まさに、超一流の意識を持った野球小僧。とことん野球が好きなのだ。だから、どんな状態でも脇目をふらず、野球だけに打ち込める。

「好きこそ物のじょうずなれ」

翔平を見ていると、シンプルにそんな言葉が浮かんでくる。どんな環境で育ったら、あなるのか。家族やそれまでの出会った指導者、チームメイト、友だち……。いろいろ良い環境が揃《そろ》った中で翔平の人格が形成されていったのだろうが、それも彼の持つ運。そして、その運を呼び込めたのも、彼の普段からの行いを見ていると納得するものがあった。

翔平は自分のことを一歩引いて見ることもできるから、足りない部分もわかる。そうした己《おのれ》を客観視できるところもまた、18、19で……と大いに感心するところ。そして、二刀流なので、投手のみ、野手のみの選手よりはるかにやるべきことが多く、それをこなすだけの体力もいる。もちろん、頭もよりいっそう使う必要がある。やることは山積みのはずなのに、遠回りせず、成功への道を歩んでこられたのも、やはり超一流の意識があればこそ。

翔平への僕の感情はひと言、「尊敬」だ。技術、能力よりも、その意識に対する尊敬が最も強い。リリーフの僕とでは役回りは違うけれど、翔平からは学ぶところが多かった。重圧もストレスも、メンタルの強さで軽々と跳《は》ね返す。ひたむきに練習できる強靭《きょうじん》な心や、ひたすら野球に打ち込める純粋さを備える。年下でも、尊敬しかない。野球以外の話をするときの翔平は、至って普通の若者だ。私生活はしっかりしているけれど、仲間内ではふざ

FIGHTERS

けるときはふざけ、先輩いじりもする。でも、それがひとたびユニフォームをまとえば、野球人として尊敬できる大谷翔平となる。ずば抜けた能力はもちろんだが、「二刀流の怪物」翔平から、なにより教えられたのは、やはり意識の大切さだった。

プロは、戦いの場を自ら降りてはならない

大谷翔平の話をすると、「若かったころの僕は、先輩たちからどんな後輩と見られていたのか」と、ちょっと恥ずかしい気分にもなる。入団時、22歳。野球しか知らない半人前の僕は、先輩たちからは多くのアドバイスをいただき、かわいがってもらったという思いが強い。ファイターズのこの環境があったから、今の僕があるとしみじみ思う。

多くの先輩の顔が浮かぶ中、二岡智宏《におかともひろ》さん（現巨人三軍総合コーチ）も、その1人だ。僕がプロ2年目の09年に巨人から移籍されてきて、現役で5年間一緒にプレーさせてもらった。そのあいだにいろいろと声をかけていただき、僕の大きなピンチを救ってもらったこともあった。

思い出すのがプロ5年目の12年だ。シーズン後半に調子を落とした僕は、内容の良くな

い投球が続き、チームに迷惑をかけていた。当時の僕は武田久さん、増井《ますい》浩俊《ひろとし》さん（現オリックス）らと勝ちパターンの1人として投げていたけれど、失敗が続く中で「勝ち試合の継投から外してください」と、栗山英樹監督に直接言いに行ったことがあった。気持ちが沈んでいた時期で、いろいろと話を聞いてもらっていた二岡さんには、監督室へ出向いた件を伝えた。すると、夜にびっしり文字の詰まったメールが送られてきて、そこにはこうあった。

「お前が今までやってきた経験、過程は誰もが認めている。それだけの責任を背負っていることもわかっている。背負い込みすぎて、へこむことはない。でも、監督室には今後、自分からは絶対に行くな。自分から（勝ち試合の継投から）外してほしいとか、ファームに落としてほしいなんてことは絶対に言うな。これは、プロとして最低のこと。監督が落とすと言うまでは、一軍で戦うのがプロだ」

普段は感情を表に出さないけれど、内に秘めているものは熱い二岡さん。その熱血ぶりが感じられるメールだった。プロの選手はみな、一軍で活躍することを願い、日々戦っている。一軍で働きたいと必死にプレーしている。それなのに、「少し調子が悪いから」「失敗が続いたから」という理由で、メンバーから外してほしいと考えるのは逃げであり、甘えだということ。メールの中には、こうも書いてあった。

「そんな気持ちでやっているとしたら、二軍の選手にも、守ってくれている野手にも失礼」

二岡さんのメールを読んだあと、「俺は、なんと恥ずかしい考え方をしていたのか」と、情けなくなった。でも、そこでふっきれた。どんなときもグラウンドに立ち続けるのがプロ。判断を下すのは監督で、選手はなにがあっても自ら戦いの場を降りてはいけない、と。

俺なんかいないほうがチームのためになる……。僕の中に小さな、変なプライドがあったのだろう。でも、そんなものはまったく不要なもの。二岡さんに教えてもらったプロとしてのあり方は、今も僕の胸の中にしっかりとある。

また、僕から起用法についての申し出を受けた栗山監督からも、そのとき、本当にありがたい言葉をもらった。

「お前を使って打たれたら、責任は俺がとる。今までお前に何度も助けてもらってきたんだから」

直後、二岡さんのメールで考え直させられたように、監督とのその場のやりとりの中でも、俺はなんて恥ずかしいことを言ったのかという気分になったことを覚えている。

あのときもし、監督にあっさり「わかった」と了承されていたら、どうなっていたのか。

調子がいいときに頑張るのは当たり前。そうでないときに、いかに踏ん張れるか、気持ちを落とさず、いつもどおりにマウンドへ上がっていけるか。毎日変わらず、戦いの場にいること。この当たり前がプロでもあることを学んだ、5年目の出来事だった。

第4章

勝負に備え、準備し続ける

〜力を発揮する環境作りと肉体ケア〜

己《おのれ》を知ることで、己を生かす

プロのピッチャーは、日々の本番で力を発揮するために、準備を怠《おこた》らない。直近のタイミングでの備えもあるし、長いスパンでのこだわりもある。1試合1試合、そして、1年1年と、ベストパフォーマンスをつなげていくために、試合前やオフなどに、僕がなにを準備するか、本章で記してみる。また、体を作るトレーニングとケアにも触れたい。

NPB（日本野球機構）には、育成選手まで入れると、450人前後のピッチャーがいる。でも、1人として他人と同じフォームで投げるピッチャーはいない。過去の何千、何万という先輩投手をどこまでさかのぼっても、まったく同じフォームはない。

1人ひとり、体のサイズや筋力の強さや、感覚が違うと、やはり同じフォームにはならないのだ。僕の体で特徴的なのは、肩まわりが非常に柔らかいこと。フォームについて、腕が遅れてくるとか、しなりがいいと言われることがある。これは肩まわりの柔らかさがあればこそ。一般的には背中側に手が入ると肩に負担がかかって故障につながりやすいとも言われるが、僕はここまでヒジは2回手術したことがあるものの、深刻な状態になったことはない。肩もほぼ問題なく、ここまで来た。無理をして、テイクバックが背中側に入っているわけではない。アマチュア時代は「どうやったら球速を上げられるか」といった自分主体の目線でしかフォームを考えていなかったけれど、プロに来てから、バッターの声を聞くようになり、自分のフォームの持ち味、利点に気づかせてもらうようになった。

産んでくれた親に、なにより感謝するのは、ヒジの靭帯《じんたい》だ。２０１５年と18年オフに左ヒジの手術をした。２度目の手術の診察の際、画像を見ながら担当の先生が僕の靭帯にしきりに感心していた。さすがにこれだけ投げてきたので伸びてはいるけれど、まだまだ伸縮性が高いというのだ。ある程度伸びて、その長さが一定のラインを越えると手術を考えるそうだが、僕の靭帯は、伸びるときは伸びても、まだそこからしっかり縮む。「これだけ投げてきて、珍しい」と、先生に言われた。

体のサイズで言えば、身長の１８０センチは、プロの世界では標準。スカウトがアマチュア選手を見たりするときには体のサイズも評価の目安にすることがあるようだが、サイズで言えば、僕は、手や足の長さも選手の能力発揮に関係があると思っている。ピッチャーならば、腕は短いほうがいい。腕が長いと、球持ちがいいとか、打者が威圧感を感じるといった利点もあるが、長い腕は扱いづらいという難点もある。長くても器用に畳《たた》んで使えれば最強の武器になるけれど、一般的には短いほうが扱いやすいと、僕は考えている。

前に一度、ダルビッシュ有と吉井理人さん、そしてトレーナーさんらと話していたとき、このテーマになった。すると、揃《そろ》って「腕は短いほうが扱いやすい」という結論で一致した。ダルビッシュも身長は195センチを超えているが、そのわりに腕は長くない。だから、「あれだけのスピードボールを持ちながら、高い制球力を備えている」と、推測する。

僕の腕の長さはというと、身長に対して普通かやや長めだと思う。長袖のTシャツを肩幅で合わせると、だいたい袖《そで》が少し短くなるから、一般的なサイズで言えば、そうなのだろう。だからビシビシといった制球力とまではいかないけれど、僕の場合はやや長めの腕が肩まわりの柔らかさと相まって、打者の打ちにくさにつながっているのかもしれない。

あと、体で言えば、手のひらは大きいけれど、指は長くない。指がもう少し長ければ変化球の幅も広がったかなと思うことはあるが、爪《つめ》は強く、指先の皮が厚いのは、ピッチャーとしてありがたい。投手には、爪が割れたり、指先にマメができて潰《つぶ》れたりというトラブルがよくある。でも、僕はその類《たぐい》で困らされたことはほとんどない。せいぜい、キャンプの投げ込み始めのころに少し内出血が出る程度で、すぐに治まる。

爪は、1週間に1回はしっかり切る。一般的に言えば、深爪《ふかづめ》に近いくらい。シーズン中は月曜の試合休みが多いので、日曜の夜に切ることが多い。しっかり切るので、3日目くらいがほど良い感じになって、爪のコンディション的にはベストのはず。もし、水曜日に好投が続いているというデータが出ていれば、爪の効果の可能性もある。

小さなことから大きなことまで、己《おのれ》の体を知るということは、すなわち己を生かすこと。それが技術向上への一歩、勝利へ近づく一歩でもあるのだろう。

安定した力を発揮するために、環境作りを怠《おこた》らない

マウンドという場所は、テレビ中継などでは伝わりにくいかもしれないけれど、一般の人が実際に立てば、それなりに高く、そして、広く感じるはず。野球規則によると直径18フィート（約５・５メートル）で、高さは10インチ（約25センチ）。このマウンドをいかに味方にできるか。それも、僕たちピッチャーにとって勝負を左右する大きなポイントだ。

サイズは一定のはずが、実際に投げていると、「ここは高い」「あそこは、去年より低くなった」など、各球場のマウンドによって、感じることがいろいろとある。また、高さや円周は規則で決まっていても、傾斜はまちまちに感じる。だから、多くの投手が、球場によっての得手、不得手があるのだろう。先発投手だと、球場との相性で登板日を配慮するようなケースもある。でも、リリーフはそうも言っていられないので、どんなマウンドでも対応

して、いかに普段どおりの力を出せるか。この点は、先発投手よりも高い適応力が求められる。

それと、投げていて気になるのは、マウンドの固さだ。人工芝の球場が増え、基本的に、粘土質の固い土が増えた。パ・リーグの球場では、本拠地・札幌ドームは固いほうで、メットライフドームも、19年は前年までより固くなった印象がある。下が固いと掘れにくいが、ならすのも難しい。一長一短あり、どれだけ今日のマウンドに対応できるかが問われる。ちなみに、地方球場は柔らかめ。僕は相性がいいが、嫌《いや》がる声も聞く。

僕たちがマウンドに上がるときには、それまでに投げたピッチャーの足型がつき、表面はならされていても、実際には荒れている。左投手が投げたときはプレートの一塁側寄りを踏むことが多いため、そのラインが掘れている。ただ、僕はクロスステップなので、プレートの同じ位置を踏んでも、きれいにステップする投手とは踏み出しの位置が半足違う。さらに踏み出しの幅もそれぞれに違うため、念入りにならさないと、しっくりこない。

ただ、ファイターズのほかのピッチャーに聞くと、意外と気にしない面々がいて驚く。でも、僕は踏み出しの位置が決まらないとダメだ。だから、ここでまたマウンドをならす時間がかかり、どうしようもないときは、どこでもいいので荒れていない場所をさがして投げる。だから、普段の一塁側寄りではなく、プレートの真ん中を踏んで投げることもある。もちろん、本来なら立ち位置はできるだけ替えたくないけれど、やむをえずの場合があるのだ。

あと、プレートの後ろ側が掘れていると、足を上げたときに後ろに体重がかかりやすくなるので、ここも注意して、ならす。足を上げたときと踏み出したときに不安定な感じがあると、やはり投げにくい。投手交代の２分45秒の時間の中で、できるだけ自分の投げやすい環境を整える。こうしたこだわり、対処も、リリーフ投手が好投するための大きな要素だ。

プロ入り後、クセ盗み対策で、グラブを3センチ長くする

ピッチャーも9人目の野手と言われる。守りの巧拙《こうせつ》は自らを助けもすれば、ピンチにも追い込む。守りと言えば、グラブ。野手だけでなく、投手ももちろんこだわりがあり、僕も微調整を繰り返してきた。契約しているメーカーはミズノで、僕の細かな注文にも、丁寧《ていねい》にこたえてもらってきた。職人の方の技術と根気には、いつも頭が下がる。

グラブにおいて、僕がいちばんこだわっているのは、手、指を入れたときのフィット感だ。窮屈《きゅうくつ》に感じる一歩半くらい手前、まさにすっぽりとグラブの中に入り、隅々《すみずみ》まで包まれている感覚とでも言えばいいか。グラブをはめていながら、それを忘れそうになるくらいの一体感が理想。このあたりはまさに感覚で、メーカーの担当の方に僕なりの言葉で伝

えさせてもらうが、グラブは1つひとつが手作りなので、僕にしかわからないフィット感のグラブと出会うことは簡単ではない。いつもグラブを新しくするときには5、6個を作ってもらい、フィット感のあったものをシーズンで使う。贅沢《ぜいたく》だけれど、投手にとってのグラブはボールを捕る道具だけでなく、投球フォームのバランスにも関わってくるので、慎重に選ばせてもらっている。微妙な重さの違いや、その感じ方によって、フォームのバランスが狂ってしまうときもあるからだ。ちなみにグラブには、座右《ざゆう》の銘《めい》にしている「勇往《ゆうおう》邁進《まいしん》」（目標に向かい、恐れず前進すること）という言葉を刺繍《ししゅう》してある。

もう1つ、投手のグラブには大きな役割がある。それは、握りや手首の角度などから球種を盗まれないこと。つまりは、隠すため。これは、とくにプロでは、重要な点だろう。

僕は大学のころから、ミズノの工藤公康《きみやす》さん（元西武、巨人など。現福岡ソフトバンク監督）のモデルのグラブを使っていた。当時と今のグラブを比べると、大学4年の最後に使用したものより3センチ、指の部分が長い。正確に言えば、当時使っていたものは、本来の工藤さんモデルのグラブから、より使いやすさを重視して1センチ短く、さらにもう0・5センチ短くと、どんどんコンパクトにしていた。

それをプロに入ってからは逆に、プラス1センチ、また1センチ、さらに0・5センチ、0・5センチと、メーカーに長くしてもらい、大学4年時に使っていたものからすれば、3

センチ長くなった。大学時代は扱いやすさや持ったときの左右のバランスの良さを重視し、当然、コンパクトのほうが僕はバランスもとりやすかったため小さくしていったけれど、プロでは球種を読まれないように、より注意する必要がある。それで、反対に大きくしたというわけだ。プロはどこから誰が見ているかわからないし、試合時の映像で研究されて、球種を見破られるかもしれないのである。

僕の場合なら、セットに入ったとき、もちろん、ボールはグラブの中にあって、握りは見えない。でも、握るときの手首の角度や力《りき》み方、筋の浮き具合などから、球種を読んでくるのがプロ。僕は手のひらが大きく、少し手首側が見えやすい恐れもあるので、プロ入り後、徐々にグラブを大きくした。球種は少ないけれど、それでも完全にバレるのとそうでないのとでは、まったく違う。この先も、隠すところはしっかり隠して勝負していきたい。

3か月のオフで、1年を戦う貯金を作る

プロ野球の世界には、シーズンとオフという考え方がある。シーズンは一般的に公式戦が始まるペナントレースからポストシーズンまでの期間。オフシーズンは秋のキャンプ終

了後から春のキャンプの開始前、実感としては12月、1月に当てはまる言葉だ。

シーズンとシーズンオフでは、もちろん、僕たちのすごし方もまったく変わる。シーズン中だと、週に5～6日は試合をし、試合のない日も移動や練習となることが多い。基本的には試合に合わせて動いているわけで、その中にトレーニングの日を作ることは難しい。

とくにチームについてまわり、常に登板の可能性があるリリーフ陣は、しっかり体を鍛《きた》える時間は作りづらい。だから僕の場合、シーズン中は疲れを残さないケアに重点を置き、その分、オフに徹底して体を鍛えるようにしている。12月から2月のキャンプまでを含めた3か月で1年を戦う体力的な貯金を作って、シーズンを乗りきるイメージだ。だから。僕には、オフという発想がない。12月などは、各地でイベント、ボランティア活動、家族との時間など、シーズン中とは違う動きになる。

でも、僕は11月のキャンプが終わって、いわゆるオフという時期が迫ってくると、ここから鍛えるぞ、と気合いが入る。なにしろ3か月で1年分の体力を貯蓄しなければならないので、12月、1月のすごし方は本当に大事になる。実際、この時期は、なにかしらの予定が入ったとしても、合間《あいま》を縫《ぬ》って、ほぼ休みなく、体がバキバキになるほどトレーニングをする。19年で言えば、12月に2週間、ハワイで2年ぶりに自主トレも行った。20年の1月は、4日から兵庫県の母校・市立尼崎《あまがさき》高校で10日余り、体を動かした。

秋季キャンプが終わると僕は、12月、1月用の個人メニューを球団のトレーナーに組んでもらう。要望を伝えながら作ってもらうけれど、すんなりとは決まらない。上がってきたものに対して意見を出し、手直ししてもらうのが、ここ最近のパターンになっている。

というのも、僕もベテランと呼ばれる年齢となってきたため、最初にトレーナーから出てくるのは、「最低限、これくらいはやってください」と感じるような軽めのメニューだからだ。ランニングの本数なども少なく、ファイターズで言えば、徐々に負荷を上げていく高卒5年、大卒2年以内の「教育対象」と呼ばれる選手に課す内容に近い。それは1年分をこの時期に鍛えたいという僕の求めに達していない。トレーナーも僕の要望を基本的にはわかってくれているのだが、負荷がかかりすぎて故障させたくないという思いで、最初は毎年抑えめに出してくる。しかし、僕はそれでは納得しない。もっとハードなものを要望するなどのやりとりを経て、最終的なメニューを札幌に残っているあいだに作ってもらい、海外や尼崎などでの鍛錬《たんれん》の3か月に入る。

最近は個人でトレーナーと契約をしたり、設備が揃ったジムに通ったりして体を鍛える選手も多い。ただ、僕は自分の体をいちばん知っているのはいつも見てくれている球団のトレーナーだと思っているので、メニュー作りもお願いすることにしている。それに僕はこう見えて案外、人見知り。初めての人にメニューを組んでもらったら、「ちょっと足りないな」と感じても、言えずに受け取ってしまう恐れがある。それなら気心《きごころ》も知れた間柄で、要望もとことん出せるチームのトレーナーとやりとりするのがベスト。

そんな納得のメニューを持って、19年のオフも走りに走った。もちろん、そこでしっかり鍛えられたからといって、シーズンで結果を残せる保証はない。でも、しっかり鍛えないと、良いシーズンを送れない。僕にとって、活躍のための必須条件がオフのトレーニングなのだ。

徹底した体のメンテナンスなくしては、シーズンを戦えない

プロスポーツ選手の頭に常にあるのは、コンディション。トレーニングで鍛え、試合で消耗《しょうもう》する日々の中で、絶対おろそかにしてはいけないのが体のケアだ。

最近は高校野球界でも、ピッチャーのコンディションや、球数制限の議論が活発に行われているけれど、プロの投手となれば、今や球速１５０キロを投げることも珍しくない。そんなスピードで約１４８グラムの硬球を投げるのだから、筋肉、靭帯《じんたい》、骨、血管等々へのダメージは相当なもの。そこで、毎日のケアが極めて重要になる。

肩やヒジのケアは、投げ終わりのアイシングからストレッチ、電気治療、マッサージな

ど、多岐《たき》にわたる。その中で、僕が高校のころから続けてきたのが鍼《はり》治療だ。高校のチームメイトに紹介された徳永治療院（大阪府豊中《とよなか》市）には、ずっとお世話になっている。高校最後の1年はヒジの状態が厳しいときもあったため、毎日通い、助けてもらった。大学時代も通い続け、プロに入ってからも、自主トレ期間は週3、4回、シーズン中も関西遠征で時間がとれたときには立ち寄るようにしている。僕の鍼に対する信頼は絶大だ。その日の疲れをその日のうちに緩和《かんわ》してくれ、体がラクになる。この即効性がいちばん気にいっている。

試合前は、球場でトレーナーにマッサージで体をほぐしてもらい、試合後には鍼を打ってもらう。これは、登板の有無に関わらない。ビジターのときなら、宿に戻ってから治療。シーズン中は疲れを翌日に残さず、できるだけフレッシュな状態で次の日を迎えたい。体に少し「張り」があったほうがいいというピッチャーもいるみたいだけれど、僕はそうしたものを一切《いっさい》残したくないので、毎日、鍼を打ってもらうようにしている。

そう考えると、シーズン中は試合前も終わったあとも、トレーナーにケアしてもらう時間をかなりとっている。若手のころはトレーナーからも、「若いんだから、自分でトレーニングして直せ」と言われたこともあった。でも、そこは僕も頑固《がんこ》に、「お願いします！」と顔を出し、毎日対応してもらうようになった。

ファイターズにはもともとケアに鍼を使う文化が定着していなかった。今も、野球関係者の中には、鍼に対して半信半疑《はんしんはんぎ》の目を持つ人がいるのも確か。どの程度効くのか、毎日打って大丈夫なのか、と。でも、僕は入団１、２年目から、そんな疑問を向けられると、「大丈夫です。高校のときからやってきたので」と、経験と持論を語ってきた。それに加え、僕は1年目、2年目と、50試合以上登板しても、体は元気。それを見ているうちに、鍼を打つ選手が増え、今では試合後のトレーナー室は、患者で混み合う人気の鍼灸院《しんきゅういん》みたいになっている。

　肉体を酷使《こくし》する仕事だからこそ、日々の徹底したケアが必要。コンディションの不安なく戦えることが精神の安定にもつながる。ユニフォームを脱ぐまで、鍼治療は欠かせない。

イレギュラーな局面に対応できる心を、オフに作り上げる

　先に述べたように、僕はオフになると、地元・兵庫県尼崎市に戻り、母校の市立尼崎高校で自主トレを行う。高校時代の同級生が仕事の合間《あいま》に都合をつけ、スーツ姿でキャッチボールの相手をしにきてくれたり、ジムで働いている後輩もキャッチボールの時間だけ昼休みを合わせて来てくれたり……。仲間に助けられている。

　前述のように、球団のトレーナーのプランに僕の意見を織り込んだメニューに沿《そ》って、こ

の期間はたっぷり体をいじめる。しかもそのメニューは、オフの期間中、毎日一緒。これが、僕のこだわりの1つだ。ただ、メニューは同じでも、100メートル、200メートルといったところの本数やセット数はある程度しか、最初に決めていない。この点が、2つめのこだわり。

まず、毎日同じメニューを行う狙《ねら》いはこうだ。僕たちは毎年、143試合＋α《アルファ》という長いシーズンを戦い、リリーフは毎日、同じ準備をして試合に入る。そんな日々の繰り返し。そうすると、シーズンに入って30試合くらい投げたところで、「目標の50試合まで、まだ20試合もあるのか……」と考えるときがある。長いシーズンのなかばを過ぎたあたりで、少しマンネリ感が出るのだ。そんなところから調子が落ちたり、コンディションを崩《くず》したりということにつながりやすい。そうならないように、「飽き」を乗り越える気持ちの強さが必要なのだ。体を鍛えながら、リリーフで戦うメンタルも作る。そんな狙いも込めたメニューだ。

体のことだけを考えるなら、一般的には、今日は長い距離を走ったから翌日は短い距離とか、今日は有酸素運動を多めにして……、ウエイトトレーニングは上半身、下半身と分けて……と考えたりするのが常道だろう。でも、僕はそうせず、飽きてくる気持ちと戦いながら、3か月同じメニューをこなす。今の時代、トレーニングをするにしてもいろんな種類があり、新しい器具も多く世に出ている。それをあえて、シンプルなメニューでひたすら繰り返すところに意味があると思っている。

一方で、本数やセット数をきっちり決めない狙いはこうだ。シーズン中、毎日同じ準備をして、試合に備えるけれど、リリーフは先発と違い、どういう局面でマウンドに上がるかは、その日によって変わる。僕の場合は今、後半の1イニングということでほぼ決めてもらっているが、マウンドに上がるときの状況は毎試合違う。マウンドに行きたいときに行けないのがリリーフであり、万全《ばんぜん》のコンディションでマウンドへ向かえる日が年に何回あるかというのも、またリリーフの宿命。このイレギュラーな気分を少しでも感じられるメニューを……と思っていたら、本数やセット数を固定しないものになっていったのだ。

大事にしているのは、本数を決めない中で自分をどれだけ追い込めるか。ダッシュなら、しんどくなったあとの1本を、いかに力や集中力を抜かずに走りきれるか。今日の「これが最後の1本」が来るのが15本目なのか、20本目なのかはわからないので、その日、「もう限界や」と感じたところから、最後の1本を走る。今日の自分の限界を打破する。これは、体力強化でもあり、リリーフの心を鍛える練習だとも思っている。

ちなみに、「レスト（インターバルの休憩《きゅうけい》）」も、時間は計《はか》らない。自分が行けると思ったときに、次のスタートを切る。時間を決めてないから2分でも3分でも休憩しようと思えばできるけど、いかにその誘惑を断ち切れるか。この心と体のせめぎ合いも、自分との戦い。ある程度、呼吸が整ったなら、そのタイミングで行く。どんな仕事でも練習でも、言われたことをやるより、自分で動くことのほうがしんどい。自分に厳しくできれば、「レスト」を1分半と決めて行うメニューより、間違いなくメンタルは鍛えられるはず。

リリーフは、抑えるための能力・技術に、体力もいるが、最後の最後に求められるのはメンタル。その強さがないと、ギリギリの勝負場面で力を出しきれないし、1年間、心のスタミナを保ち続けられない。リリーフとしてシーズンを全《まっと》うするための体と心を作る、オフの3か月のトレーニング。シンプルでも、僕なりのこだわりが詰まった自主トレメニューだ。

最新機器の数字に惑《まど》わされない

ピッチャーが望むものの1つに、「ボールの質を上げたい」というのがある。メディアでは、投手の能力を端的に伝えようとするときによく、ストレートの最速を表示する。もちろん、これも能力の一端《いったん》を示すものだけれど、プロとなると、スピードの優劣が結果につながらないことも少なくない。そもそもスピードガンで表示される球速は、初速と終速のうちの前者を指している。初速はボールが手を離れた瞬間のスピードで、終速はホームベース近辺を通過したときの数値。当然、初速のほうが速く、世間で「150キロ！」と騒がれるピッチャーでも、終速は10キロから10数キロは落ちるのが一般的だ。また、初速と終速の差が小さいボールは、バッターやキャッチャーの感覚によって「伸びがある」「手元でホップする」などと称され、「質の高い球」といった評価にもなりやすい。

今の時代はスピードに加えてボールの回転数が注目され、これを表示する「トラックマン」といった機械も登場してきた。アマチュア選手を見るスカウトも、スピードガンとトラックマンの2台を手に試合を観戦するようになるのか、あるいはもうなっているのか。すごい時代になった……と書きながら、僕は回転数には興味がない。確かに、回転数の多い球はバッターの手元でも失速しにくい、いわゆる伸びのある球と言えるのだろう。でも、球速もそうだけれど、回転数もそのピッチャーの特徴の1つであって、投手として優《すぐ》れているかどうかは、また別の話だ。

回転数や球速の数値が高いから良い球、低いから平凡な球といった先入観が生まれると、そのピッチャーの本当の力を見誤ってしまうことにもなりかねない。僕はトラックマンの数値はまったく見ないので、自分のボールがどうなのかよく知らない。ただ、一度チラッと言われた数字は、確か一軍レベルの中で平均程度だったような気がする。

最近はプロの現場にも当たり前にトラックマンが登場し、若い選手らはブルペンで投球後に自分のボールの回転数を確認しに行く。そんな姿を見ると、「数字を気にする前に、やることがあるだろう」と言いたくなる。僕たちピッチャーの仕事は、スピードや回転数を競《きそ》うことではなく、バッターを打ち取ることなのだから。

僕の場合、調子の良し悪《あ》しのいちばんの判断材料は、バッターの反応だ。今日のボールは走っている、キレている、という僕の感覚と、バッターの反応は必ずしも一致しない。僕の感覚はイマイチでも、バッターが差し込まれているような反応をしていれば、「よし」と考える。それはフォームとの関連や間合い、または、ほかの球種とのコンビネーションなど、今日の自分のボールには、バッターに差し込むだけのなにかがあると考えるからだ。

とくに若いピッチャーたちには、結果としてバッターを抑える球がいい球だということを忘れずに、球速等の数字と接してほしい。スピードや回転数があるに越したことはないが、ほかにも打ち取る方法がある。もちろんトラックマンの数値を活用すること自体は大事だが、数値ばかりにとらわれず、打者に対してしっかり投げきれているかも大事だと思う。野球は数字だけで抑えられるものでもない。フォーム、リズム、球持ち、打者との駆け引きなど、いろいろな要素がある。トラックマンはそれらを確認するための数値であることを忘れてほしくない。際立《きわだ》った数字を出せないベテラン投手のボヤキと言われたらそれまでだが、あえて伝えておきたいと思う。

「投げたボールの糸の切れる音」で、好不調を判断する

前項の文章を読まれた方からは、「じゃあ、宮西は自分のボール自体で好不調を判断することはないのか」と言われそうだ。けれど、実は１つだけ、基準といったものがあることはある。ただ、これは、なかなか伝わりにくい。

どんな物差しかというと、ボールが発する音である。読者の中にも、キャンプのときなどに、ブルペンのすぐ近くでプロの投球練習を見たことがある人がいるかもしれない。本当に近くで見ていると、ピッチャーの手からボールが放《はな》たれたときに、「プチッ」という音が聞こえることがある。リリースの強さを感じるプロの音だ。あるいは、目の前をボールが通過していくときに、「シュルシュルシュル」……というボールの回転から伝わってくる音もある。でも、僕の言う音は、このどちらでもない。

２番目の音に近いことは近いが、僕の耳に聞こえてきてほしいのは、「シュルシュルシュル」ではなく、通過する中での「ブチブチブチブチ」という音。これが聞こえるときは、僕の中で「よし」と、自信を持ってマウンドに上がることができる。

「ブチブチブチ」とはどういう音かというと、僕の体で感じるイメージでは、硬球の縫《ぬ》い目となっている赤い糸が切れる音だ。これが、「ブチブチブチ」。僕からすれば、横で聞いていて「シュルシュルシュル」と聞こえるのは、普通の音。絶不調の時以外は、僕の耳にも聞こえてくる。でも、「ブチブチブチ」は、めったに聞こえてこない音。しかし、この音がなかなか、ほかの人に言っても伝わらない。「今の音！」と言っても、「なに？　さっきの球と同じでしょう？」と返されたりする。

あるとき、気づいた。もしかすると、この音は僕だけにしか聞こえないのではないのか、と。僕は糸が切れて鳴っていると思っている「ブチブチブチ」という音だが、実際に糸は切れていない。ということは、僕の体を通して、僕だけに聞こえている音なのかと思うようになった。全身の力が指先からボールにしっかり伝わり、「よし！」と思えたときに、その感覚と相まって頭の中で聞こえる……。

この話をすると、「回転数が多いから、いい音が聞こえてくるのでは？」と指摘されそうだが、僕の中では単に回転が多いという感じの音ではない。文章だけではこのニュアンスを伝えきれないのが歯がゆいが、言いたいのは僕には僕だけにしかわからない基準があるということ。この音がブルペンで聞こえたときには、自信を持ってマウンドへ上がることができる。

第5章

「北の鉄腕」は、日々積み重ねる

〜結果を出すライフスタイル〜

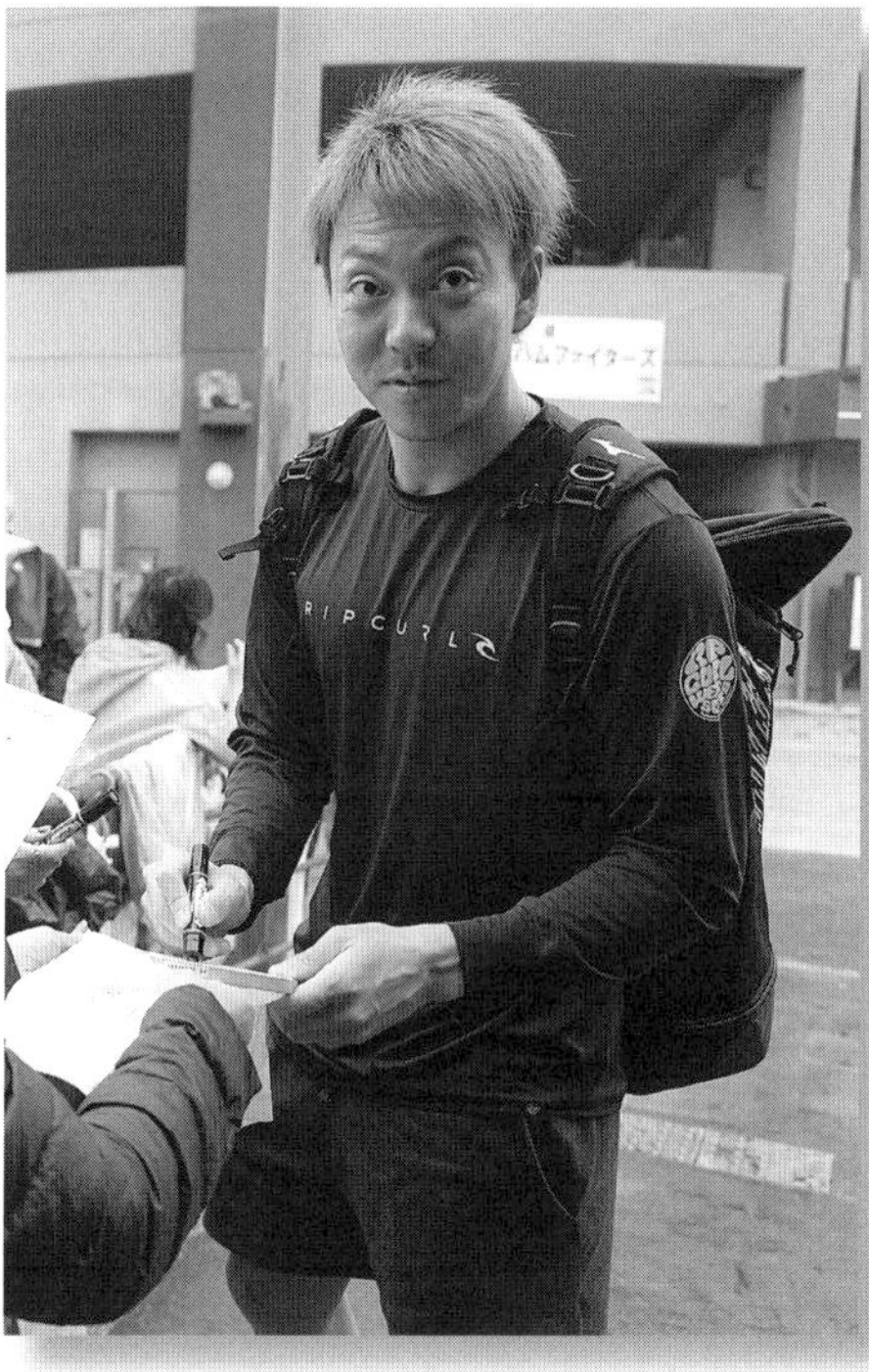

試合前に恋愛相談に乗ることが、自分の肥《こ》やしにもなる

ここからは、僕のプライベートな部分を中心に綴《つづ》らせてもらう。

本章では、試合を離れた日常や、普段の僕のキャラクターや私的な交流、そして家族などについて、話していきたい。ありがたいことに、僕のことを「北の鉄腕」などと呼んでもらうこともあるが、そんなタフな男のイメージにつながる話もあれば、真逆《まぎゃく》に感じられるエピソードもあるかもしれない。でも、それも宮西尚生という人物の真の姿だと受け入れてもらえたら、うれしく思う。

さて、関西人と聞いて、みなさんがイメージするものはなんだろうか。僕の故郷である尼崎から大スターとなったダウンタウンのお2人を見ても、やっぱり、「しゃべくり」がいちばんではないか。人見知りの面をまだ少し残す僕も、本来はしゃべるのが大好きな関西人だ。

そんな僕にとって、シーズン中も含めて格好の気分転換となっているのが、ラジオ出演だ。2018年からSTV（札幌テレビ）のラジオ放送で、『宮西尚生のなんとかなるさ』

という番組を担当させてもらい、20年で3年目となる。

以前、ラジオ番組のゲストコーナーに出演させていただいた縁《えん》で、スタッフから声をかけられ、毎週出演させてもらうことになったのだ。今は僕が木曜日の担当で、白井一幸《しらいかずゆき》さん（元日本ハムファイターズ、オリックス）が同じ時間の火曜日、稲田直人《いなだなおと》さん（元北海道日本ハム、横浜ベイスターズ、東北楽天）が金曜日に出演中だ。テレビ番組の中で小さなコーナーを持ったことはあったけれど、今回のようなラジオでの、言わばパーソナリティは初。時間的には1回10分くらいと短くても、自分の考えを思ったように話せるので面白い。そして、1回で3本分を録《と》るため、シーズン中は札幌ドームでの試合前に、約1時間かけて行う。テレビや雑誌の取材などもナイターの試合前に行うことが多いけれど、その場合は、当然ながら話すのは野球のことばかり。でも、このラジオ番組は僕の希望もあり、ほとんどが野球以外の話題。そのときどきで、世間の関心が高いことについて話したり、リスナーから届いた質問などに答えたりしながら、番組を進めている。

いろいろなトークや会話をしてきた中で、20代男性からプロポーズの仕方について相談を受けたこともあった。ロマンチックに決めるべきか、さりげなくいくべきか。相談を受けた僕は、なんでもサプライズ的なものが好きなので、初めはそうした方向性のプランを出してみた。でも、その質問者のキャラクターも、相手の女性の好みもわからない。うかつなことを言って、もしうまくいかなかったら大変……。話しているうちに考え直し、最後は、どんな女性であっても万人受《ばんにん》けしそうな無難《ぶなん》なものを提案した。「夜景の見えるオシャレなお店で食事をしながら、ストレートにプロポーズするのがいいんじゃないですか」と。すると、それから約1か月後。同じ男性から、報告が届いた。結果はどうだったか、というと、夜景もサプライズもなく、普通に話をしている中でプロポーズをして成功……。思わず、「普通やん！」とリアクションしてしまった。まあでも、うまくいったのなら、良かった、良かった、という話になった。果たして僕が試合前にああでもない、こうでもないと頭をひねりながら送ったアドバイスは、参考になったのだろうか。まあ、いろんな人の意見を聞いて、消去法で決めたとしたなら、少しは役立ったのか。

でも、ラジオはこういった極めて個人的なことを取り上げて話せるから、面白い。今はインターネットで放送を聞けるサービス「radiko《ラジコ》」を利用すれば、全国各地の放送がどこにいても聴けるので、興味がある人は、ぜひ、木曜日午後5時35分からのSTVラジオ『宮西尚生のなんとかなるさ』を聴いてみてほしい。

ちなみに――。僕は、妻とは2年付き合ったのちに、結婚している。

「一軍で活躍できるまでは、とにかく野球に集中しよう」と、プロ入りのときに決めて、僕は北海道に来た。そして1年目から、一軍でフルに働くことができた。2年目のオフに、

「1人は寂《さび》しいなぁ」と思うようになり、次に付き合う女性とは結婚しようと思っていたところで出会ったのが、妻だ。そのころ、僕はこう提案した。

「2年付き合って、お互い飽きていなかったら、結婚しよう」

ところが、2年がたった「その日」、僕はその約束を忘れていて、彼女のほうから、「2年たったけど……」と言われた。なんのことかわからなかった……。呆《あき》れ顔の彼女から説明を受け、「あっ」と気づき、「結婚しよう」と伝えたのだ。だから、プロポーズらしいプロポーズはなかったけれど、思えば、出会ったときの「2年付き合って、お互い飽きていなかったら、結婚しよう」が、フライングのプロポーズだったのかもしれない。

ラジオ収録は、リスナーからの思いがけぬ相談に答えるうちに、自分の懐《なつ》かしいことを思い出すこともできて、楽しい時間だ。

睡眠時間確保のために、家族にも協力してもらう

健康管理には、バランスのいい食事と十分な睡眠が欠かせない。寝ているときに体の細胞が回復するらしいので、しっかり睡眠をとっている。ただ、昔は10時間以上寝ないとダ

メだと思って実行していたけれど、最近は8時間が基本。一般の同世代よりは寝ているほうかもしれないが、10時間寝ようとしても、その前に目が覚めてしまう。年のせいだろうか。シーズン中の遠征のときはホテル滞在なので、自分のペースで思うように眠ることができる。しかし、ホームゲームの場合はそうはいかない。家族と暮らしているので、しっかり寝るためにはみんなの協力がいる。

ナイターが終わり、札幌ドームで風呂に入って、鍼《はり》を打って家に戻ると、夜中。そして、食事をとり、スマホの画面でも見ながら少し雑用をして、寝る。時間は、3時や4時になるあたり。その時間から8時間なので、起きるのはちょうどお昼ごろだ。2人の子どもは今、小学校と幼稚園。でも、僕を起こさないように、子どもたちなりに気をつかって静かに動き、小声で話してくれているようだ。まだ小さく、父親ともいつでも遊びたい年ごろ。まして、普段は全然遊んでやれない父親がそこで寝ていたら、ちょっかいでも出したいところだろう。しかし、その気持ちを抑えて静かにしてくれているおかげで、僕は昼までしっかり寝ることができる。

選手によっては睡眠環境確保のために家族と寝る部屋を分ける人もいると聞くが、宮西家は4人、同じ寝室。子どもは風邪《かぜ》もよくひくので、そのときは部屋を別にするけれど、普段は戦い終えたあとに子どもの寝顔を見て、僕も寝るのが習慣。いちばんの元気の源《みなもと》だ。

人知れずファストフード店で、極秘トレーニングに励《はげ》む

勝負のレベルが上がっていくほど、目に見えないものの力を感じるようにもなる。観察力、洞察《どうさつ》力、流れや先を読む力。数値化できない何かを備えた者が勝利をつかむ。こうした無形《むけい》の力は、確かに存在していると思う。

相手を見る、相手を知るというところは、勝負の世界でも大きな力になる。例えば、僕は相手打者の性格に興味がある。バットを振る気満々で打席に入るタイプ。冷静沈着に理詰めで配球を考えてくるタイプ。ムラッ気《け》があり、コースや球種のヤマを張るタイプ。性格が打席にも出るはずだから、知りたいと思うのだ。

また、マウンド上でもバッターのちょっとした仕草や表情などから、なにか読みとれるものがないかと、いつも考えている。

そもそも僕は、普段から人間観察が好きだ。数少ない趣味の1つかもしれない。人の行動や反応を見て、見えない部分を想像するのが楽しい。例えば、普段、妻となにげない話をしている場面。ふとしたことで口論となったときに、「このひと言を口にしたら、どう返

すかな」とか、「これを言うと、怒るだろうか」などと展開を読みながら、相手の反応、出方を予測して考える。みな自然とやっているのかもしれないけれど、そのあたりをすごく意識してやりとりする。たまに「ここでこう言ったら、キレるかな」と思いながら、あえて突っ込んで言ってみることも。はたから見ていると揉《も》めているような場面でも、僕は意外と楽しんでいたりする。と言ったら、妻が怒るかも(笑)。

似た話では、こういうこともある。ちょっと時間があいたときに、マクドナルド(関西人なので、普段は「マクド」と呼んでいる)などのファストフード店に入るときがある。外が見える席に座って、そこからぼんやり人を見る。目にとまった人がいると、そこから想像を始める。「この人は普段、どんな仕事をしているのかな。今から営業に行って、プレゼンでもするのかな。今、歩いている人は、次にどんな行動を起こすかな。次は右に曲がるかな……」。パッと見た印象から、いろんなイメージが湧《わ》いてくる。もちろん、正解はわからないけれど、普段から人間観察の練習をしていれば、いざマウンドで打者と向き合ったときに、感じるものも増えてくるかもしれない。密《ひそ》かにそんなことも思っている。

良いピッチャーは、みんな察する能力が高い。なにを狙《ねら》っているか、相手ベンチがなにを仕掛けてくるか……。相手の狙いを外すことができれば、目の前の勝負を一歩有利に進めることができる。グラウンド外の人間観察も楽しみながら、勝負に生かしていきたい。

運に限りがあるとは考えない

勝負の世界にいると、よく、「勝負勘」という言葉を耳にする。勝負をする中でのひらめき、読みといったものを指し、これが冴《さ》えると勝利をつかむことができると言われる。野球の試合でも、ベンチや選手の勝負勘の冴えによって、勝敗が劇的に動くこともある。そして、そういった勘の冴えや勝負強さをひと際《きわ》持っていると思わせる人が、野球界にもいる。今で言うなら、「あいつは持っている」という人だ。僕が「持っているか」と問われれば、果たしてどうだろうか。これまでの35年を振り返ると、人とのめぐりあいや、人生そのものの運の良さは感じているけれど、こと野球の勝負の中では、運がいいと思うとき、そうでないときは、半々ぐらいか。とくに「持っている」と胸を張るほどの感じはない。

野球界の先輩たちの話を聞いていると、ギャンブルなどで勝負勘を鍛《きた》えている選手はここ一番に強いなどという声が聞こえてくることがある。確かに、勝負の流れや人の気配を察する嗅覚《きゅうかく》などが磨かれていくことはあるかもしれない。野球以外で、僕がやる普段の「勝負」と言えば、たまの競馬くらいだ。とは言っても、日本ダービー、有馬《ありま》記念、天皇賞などGⅠレースと呼ばれる大きなものだけ。なかなか当たらないけれど、予想とワクワク気分を楽しんでいる。19年の的中率も散々で嘆《なげ》いていたら、12月の有馬記念で3連単570倍を的中。大本命だったアーモンドアイが絡《から》まない形での3連単。自分なりの根拠とひらめきを信じ、いろいろ予想して馬券を買ってみたけれど、気分良く年を越すことができた。

勝負強い人はギャンブルも強いといった声がある一方、ギャンブルで運を使ってしまうと野球の運がなくなると言う人もいる。運は限られているのだから、本業以外で使わないほうがいいという発想だ。でも、僕はそういった運命論を気にしてはいない。運に限りはないと思っている。やはり勝負事をするなら負けたくないし、なんでも勝負事は勝てるなら勝ったほうがいい。勝って気分良く、流れにもどんどん乗っていきたいタイプだ。野球も競馬も、連戦連勝。そんな気分を一度味わってみたいけれど……夢の話だ。

ロッカーを見れば、その選手の性格がわかる

自分の性格がまだ、自分でもよくわかっていないところがある。繊細《せんさい》で人見知りの面も残しながら、弾《はじ》けるところは弾ける。そして、根は話好きでもある。一方で、まわりから

は、「ジコチュー（自己中心）やな」と言われることもある。それはたぶん、トレーニングや体のケア、ピッチングに関しても、納得いかないと、指導やアドバイスも簡単に受け入れず、逆に「これや！」となると、とことんハマるという点を指してのことだろう。

ピッチャーはそもそも、自己中心タイプが多いと言われる。やはりマウンドという一段高い場所に1人で立ち、ピッチャーが投げなければ、試合は始まらない。そんなポジションにいるのだから……ということだ。そう聞くと、僕も投手っぽい性格なのかなと思うところもある。本当のところは、どうなのだろうか。

さらに僕の性格面を掘り下げていくと、社交的でありつつ、意外と人の好き嫌いもあると思う。そして、普段の生活の中では、なにかにつけて大雑把《おおざっぱ》なところもある。

こと野球に関しては仕事だから、当然、神経をすり減らしながら取り組んでいるけれど、野球以外は、アバウトなところが多い。この点で僕と対極だと感じるのが、金子弌大さんだ。まあ、金子さんのロッカーを一度、読者に見てもらいたいくらいだ。究極のきれい好き。ロッカールームに並ぶ各個人のロッカーはそう大きくないものだけれど、金子さんのロッカーをあけると、１００均で買い揃《そろ》えたようなボックスや整頓《せいとん》グッズが並び、日用品から香り系のスプレーまでが、きっちり配置されている。ファイターズ屈指の収納名人だ。

あのロッカーを見ると、金子さんの精度の高いピッチングスタイルと結びつき、納得するところがある。さらに言うと、金子さんの野球バッグとかリュックの中も、実にきれいに整理されている。ただ、荷物がメチャクチャ多いから、もしかすると見方によってはきれいに見えないかもしれないが……(笑)。

対して僕のロッカーは、殺風景で最低限の物しか置かれていない。ロッカーとは本来そういうものだと思っているけれど、金子さんのと比較して見ていると、あまりの風景の違いに、妙に面白くなるときがある。

また、金子さんはそれだけ物があるから、なんでも準備されている。例えば、ある後輩が「今日は疲れて、気合いが入らないんです」と言えば、「これ飲む?」と、ドリンクが出てくる。指が切れて困っていると、「どうぞ」とカットバンとはさみを渡される。ロッカーやカバンから、本当になんでも出てくる。僕たちの中では、「四次元ポケット」と呼んでいる……。

金子さんと僕は、同じピッチャーでも、タイプがあまりに異なっている。これは、先発とリリーフの違いかなと感じることもある。印象として、先発タイプは何事も予定を組んで、きっちりとこなすタイプが多いように思う。対してリリーフは、普段からイレギュラーな登板などにも慣れているからか、細かいことにこだわらず、わりと大雑把な人間が多いのではないか。あくまで僕のイメージだけれど、案外、外れていない気がする。その理論に沿《そ》って考えると、僕は生粋《きっすい》のリリーフタイプ。金子さんを見て、よりそう思ったのだった。

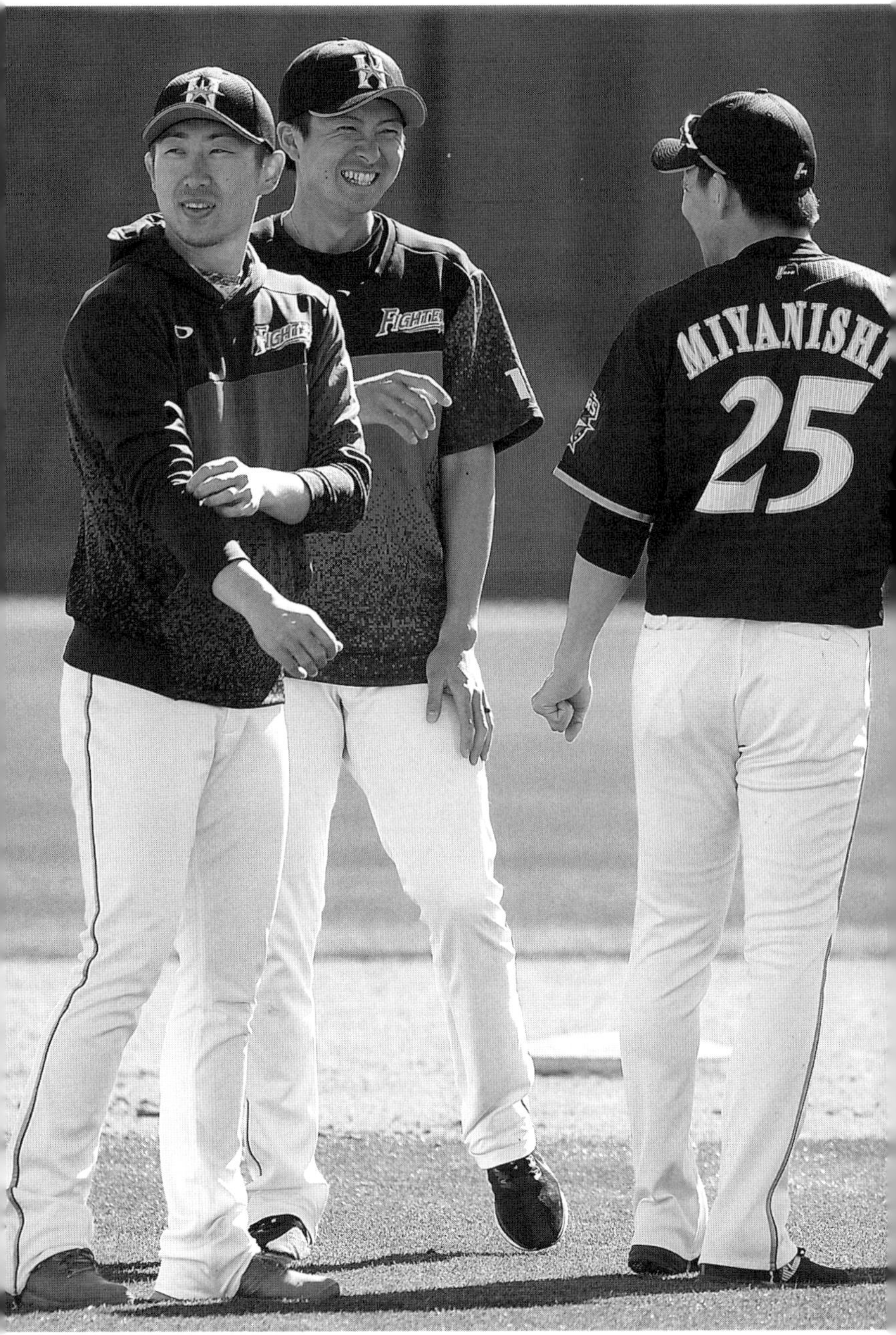
FIGHTERS
FIGHTERS
MIYANISHI
25

人の名前を覚えられないのも、自分のスタイルとしてしまう

「ライバルや意識する選手は誰か？」と聞かれると、困る。若いときからそうだったけれど、人を見て目標にしたり、ライバル心を持ったりすることがあまりない。プロであえて意識したというか、目標としてきたのは、元中日ドラゴンズの岩瀬仁紀《ひとき》さんと、元巨人の山口鉄也さん。ただ目標と言っても、リリーフのポジションで同じ左腕として道を切り拓《ひら》いていかれた先輩ということでの「尊敬の念」が強い。ホールド数や登板数の目標を持つようになる中で、この偉大な2人の先輩に追いつきたいという目線だ。

そう思えば、野球人生で明確に目標として意識した人は1人だけ。市立尼崎高校の1年先輩だった金刃《かねと》憲人《のりひと》さん（元巨人、東北楽天）だ。高校時代は、監督から「金刃を見て、勉強せえ」と常に言われ、金刃さんが走れば僕も走り、ピッチングをすれば横で投げ、まさに「金魚の糞《ふん》」のようについて回った。「この人みたいになりたい」と、ひたすら追いかけた。

その後、金刃さんが進んだ立命館《りつめいかん》大学と同じ関西学生野球リーグに加盟する関西学院《かんせいがくいん》大学へ、僕は進学した。大学では敵として戦い、「この人に負けたくない。成長した姿を見てもらい

たい」と、必死に投げた。あれだけほかの選手を意識したのは、あとにも先にも金刃さんだけだ。

その点で言えば、少し意味は違うけれど、ファイターズの後輩から、「宮西さんは、若手の名前を覚えない」と、よく言われる。確かにその指摘は当たっていて、なにかで関わりを持たないと、単純に人の名前を覚えるのが苦手だ。チームメイトのことを背番号で認識し、「おい、32番」「40番」などと呼んでいたという昔のスター選手の話を聞いたことがあるけれど、僕は背番号も覚えていない。だから、たまに選手が一堂に会したときには、名前がわからない選手があちこちにいることになって、落ち着かない。そういうときは、僕が抱《かか》える事情を知っている後輩に、「あれ、誰やった？」「こっちは？」と、密かに教えてもらっている。

１つ言い訳をすると、ファイターズは他球団と違い、前述のように、一軍は北海道の札幌、ファームは千葉県の鎌ケ谷と、本拠地が分かれている。だから、シーズン中は完全別活動。１年間のうちにファームの選手と顔を合わせるのは、極端に言えば、激励会《げきれいかい》と納会《のうかい》を含めた数回しかないのだ。それでもファイターズのだいたいの選手は、チームメイトの名前は覚えている模様。でも、僕はなかなか……。根本的な記憶力の問題か、それとも……。最近は仲のいい若手から、「ミヤさん、また覚えていないんですか！」と、ツッコまれたりもするけれど、今では僕がその選手の名前を覚えていると、「宮西さんに覚えてもらった」「もう覚えてもらった」と、妙にありがたがられるようにもなった。

チームメイトだけでなく、マスコミの人に対しても同様だ。顔は覚えていて、「このあいだ、囲み取材のときにいた人」とか、「前に、あの質問をしてきた人」といった具合に、何者かはだいたいわかる。でも、名前は……。僕の頭の中は、対戦相手のデータでいっぱいということにしておいてもらおう(笑)。

誤解を生まないために、メディア対応の時間を惜しまない

プロ野球選手にとっては、取材を受けることも仕事の1つだ。チームの宣伝はもちろん、僕の考えや思いをメディアの各媒体に乗せて、多くの人に知ってもらうためだ。

雑誌やテレビなどの時間を長くとった取材は、札幌ドームのナイター前、または、練習の合間《あいま》に行われることが多い。あとはファイターズの場合、試合後に数名の選手が通路で記者に向けて話をする、いわゆる「囲み取材」などがある。

僕は、マスコミ関係者との距離感は近いほうだと思う。聞かれたことに対しては、極力しっかり答えたいと思う。元阪急ブレーブス（現在のオリックス）の選手で、高校時代の恩師の竹本修《おさむ》監督から、プロ入りに際し、「マスコミの方にもしっかり対応するように。そ

れもプロの仕事だ」と教えられていた。加えて、取材によってしっかり対応しようと思うようになった1つの事件が、若い時代にあったのだ。

確か、1年目（08年）の交流戦。中日と対戦した試合で僕はリリーフに立ち、立浪和義《たつなみかずよし》さんと対戦。全力で向かっていって、抑えることができた。当時の僕は、まず左打者をしっかり抑えることが求められていたので、あれだけ実績のある立浪さんを抑えられて、まさに「いい仕事ができた」という試合だった。すると試合後、新聞記者から感想を求められ、「自信になりました」と答えた。記憶している範囲で言えば、記者とのやりとりはこんな感じ。

記者「今日はしっかり左打者を抑えることができました。投球はどうでしたか？」

宮西「僕が生きる道はそこなので、立浪さんを抑えることができて、自信になりました」

ところが、翌日の新聞紙面に僕のコメントは、こういう形で載った。

「左打者を抑えられて、良かったです」

これもやりとりを要約した形で、間違ってはいない。ただ、伝わり方はかなり変わってくる。新聞紙面のスペースの都合でコメントを短縮しなければならないなどの事情はわかる。ただ、僕はまだ一軍定着をかけて戦う若手。対戦した相手は、あの立浪さん。大先輩がプロ1、2年目の投手に、「左打者を抑えられて……」と名前も出さずに言われたとしたら、面白くないはずだ。この紙面を見て、ファイターズのある先輩から注意を受けた。

「お前はちゃんと話したとしても、こういう形で載《の》ることもある。これを立浪さんが目にしたら、面白くないだろう。取材のときの言葉は、気をつけて話すように」

この一件以降、取材ではできるだけ、誤解や受け取り違いが生まれないよう、丁寧《ていねい》に返すようにしてきた。だから試合後の取材でも、ほかの選手が2、3分で終わるようなときでも、10分ほどかけて話すことが少なくない。ロッカーに戻ると、たまに後輩たちから、「メッチャ、対応しますね」と言われたりもするけれど、こうした理由があるのだ。

また、この話にもつながるが、相手があまり見かけない記者さんのときも、少し注意して、より丁寧に話すようにしている。普段からファイターズ担当としてついてくれていて、僕のことも、このキャラクターも理解してくれている人なら伝わる話も、そうじゃない方の場合、違うニュアンスで受け取られる可能性があると思うからだ。だから、「今のは冗談やから」とか、「今の話はここだけで」と、ひと言、フォローを入れたりもする。

お互いのちょっとした気遣《きづか》いで、スムーズに仕事ができる。メディアの方もいつもファイターズや僕の宣伝をしてくれるわけで、彼らもチームファイターズの一員だと思っている。

オフには、1年間お世話になった地元のテレビ、ラジオ、新聞などのメディア関係者の方をお誘いして、食事会を開くようにもなった。チームを盛り上げ、報じてくれる人がいて、また僕らの仕事に光も当たる。こちらもしっかり対応し、いい関係を保っていきたい。

2017
FIGHTERS

マニアックなパーツに興味を持ち続け、今の自分の役割に重ね合わせる

「もし野球選手になっていなかったら、今ごろ僕は、なにをしていただろう?」

と、ふと思うときがある。

趣味らしい趣味もない僕が、野球に関わっていなかったら……。中学、高校のころなどは、夢としてプロ野球選手になりたいと思うことはあっても、現実的にイメージしやすかったのは体育の先生あたり。興味がある仕事だった。

そして今、もしプロ野球選手じゃなければ、頭に浮かぶのは、スーツを着て働くサラリーマンより、エンジニアのような職人的な仕事。プロの世界でリリーフという専門職を長く務める中で高まってきたのだと思う。自分は1つの仕事を極めることに、よりやりがいを感じるタイプだと気づいた。野球で言うなら、先発のエースやクローザー、あるいは主軸を打つ野手のような目立つ存在ではないものの、戦ううえで不可欠な選手。そんなポジションだ。

僕は趣味と言うほどでもないけれど、車が好きだ。見た目や、性能の部分でいろいろ好

みもあるが、知り合いのディーラーのところで、職人的な人が車を点検、修理している姿をぼんやり眺《なが》めていることがある。この部品＝《イコール》仕事のおかげで、この性能が保たれる。評価されにくいけれど、そういう役割を担《にな》っている仕事にリスペクトを感じる。もしかしたら今ごろ、油まみれになりながら、機械いじりのような仕事をしていたかもしれない。

そう言えば、子どものころから、物を組み立てたり作ったりというのに興味があり、プラモデルも好きだった。今も、うちの子どもたちのおもちゃを買いに行くと、僕はゲームよりプラモデル系に反応する。今は作って遊ぶようなひとときはないけれど、時間がたっぷりあれば、いつでもまた作りたくなるはず。子どもたちにも勧《すす》めるが、今の子の世代は、それよりもゲーム。僕の好みは、残念ながら遺伝していないようだ。

メカニックと言えば、僕は線路を見るのもすごく好きな子どもだった。電車じゃなく、線路。ちょっと珍しい子だったんじゃないかと思う。鉄道好きの人のことを「鉄ちゃん」「鉄オタ」と言って、中でも、乗るのが好きな人を「乗り鉄」、写真を撮る人を「撮り鉄」などと呼んだりするけれど、さしずめ僕は、「線ちゃん」「線オタ」「線路鉄」ということか。

線路は線路でも、家の近くにある駅のそばでクロスしている切り替えポイントが、とくに好きだった。ボタン1つで、電車の進む方向が変わる、ポイントが切り替わる瞬間を、じっと眺めていたものだ。なにに、そんなに惹《ひ》かれていたのか。当時の自分に聞いてみたい。

家の近くには阪神電車とＪＲの尼崎駅があり、どちらの線路もよく見に行っていた。見ることが高じて、幼稚園のときに「線路を作る人になりたい」と言っていたと、親に聞いた。線路を作る人。子どもが夢見る仕事としては相当にマニアックだと思うけれど、主役より少し外れたところで働く今のポジションを思うと、僕らしい気もする。

冷え性《しょう》で汗をかかないので、ブルペンでもエアコンをつけない

札幌ドームでのナイターの場合、試合開始は、通常18時。僕たちは14時過ぎから2時間少し、グラウンドでウォーミングアップをし、体を動かしている。そのあと軽食をとって、野手は試合開始に備え、ベンチに移動する。プレーボールの時間が近づくと、グラウンドではスターティングメンバーが発表され、シートノック、国歌斉唱などと続いていく。いよいよ、戦いが始まる。

場内の空気がじわじわと盛り上がっているそのとき、僕は人知れず、ベンチ裏にある大浴場の湯船に、ポツンと1人で浸《つ》かっている……。これはリリーフ投手というか、とくに後半に投げる投手ならではの贅沢《ぜいたく》な時間の使い方だろう。

具体的には、17時40分ごろに入浴し、ファイターズの先発ピッチャーが1回表の登板を終えたころに、風呂から出る。続いて、その裏の我が軍の攻撃が始まるくらいのタイミングでトレーナーにマッサージをしてもらい、しばらくはリラックスタイム。そして、筋肉を完全にふにゃふにゃにして、4回裏が終わるころに、マッサージも完了。その後、軽くウエートトレーニングを入れて、ブルペンに向かう。

これを読んでいる方からはうらやましがられそうだが、もちろん、コンディションを整えて試合後半の緊迫した場面で仕事をするために欠かせない準備だ。風呂からマッサージまでの流れを大切にしているし、たっぷり時間もかける。そして、徹底して温めてほぐすのには、理由がある。実は、けっこうな冷え性《しょう》体質なのだ。

体を使うスポーツ選手で、しかも男性が冷え性。意外に思われるかもしれないけれど、以前はまったくそんな気配はなかったのに、プロ入りして少ししたころから体質が変わってきたのか、急に冷えるようになった。体が冷えているからブルペンで体を動かし、温めるにも時間かかかる。だから、試合前からしっかり風呂に浸かって、全身を温めるしかない。

ひととおりのアップをして体を動かしたあとでも、少し静かにしていると、すぐに冷えるので困ったものだ。北海道はもちろん、大阪や東京より気温が低い時期が長い。ドームといっても、けっこう冷えるのだ。ブルペンにはエアコンがついているけれど、僕は夏でもエアコンなしで、まったく問題がない。そもそも夏の盛りの7、8月でも、少ししか汗をかかない。エアコンが効いていると、少々動いたくらいでは、まず汗は出ない。でも、じんわり汗をかいたくらいのところでピッチングに入っていきたいので、このあたりの温度調整が難しい。チームメイトとも、適温の感覚が合わないのだ。

ほかのピッチャーは、夏となればとにかく暑いと感じているので、ブルペンではエアコンをガンガンかけたいはず。でも、僕が冷え性だし、風邪も引きやすい体質なので、そうもいかない。

だから夏場は、僕がいないときはエアコンをガンガンかけて、僕がブルペンに入るとエアコンを切る、というのが暗黙《あんもく》の了解。ほかの投手からは「夏場のブルペンは嫌《いや》だ」、コーチからは「暑い！　誰かのせいで今日も暑い！」と、ボヤかれる。

なかなかのブーイングを浴びせられているものの、ブルペンの現役の中では年長者の僕が「寒い」「冷え性だから、温まらないと、調子が出ない」と言えば、みんなは合わせるしかない。「悪いな」と思いながらも、せっかくほぐした筋肉をまた固くしてしまってはいい投球ができないので、やはりそこは譲れない。

この寒さ対策は、なかなか厄介《やっかい》だ。8月末くらいの仙台でも、寒くてブルペンにストーブを持ってきてもらったことがあった。世間一般には残暑、まだ夏なのに。そのときは、東北楽天のスタッフに頼んでストーブを出してもらったが、時季外れで、球場には灯油《とうゆ》がなく、結局、つけられなかった。まわりも少し呆《あき》れていたかもしれないけれど、僕は温めないと動けないから、必死。その日のブルペンは大変だった。また、９月の北海道・旭川《あさひかわ》などでの試合でも、僕は冷えを感じる。

それにしても、なぜ体質が変わったのか。学生時代などは、夏になると「暑い、暑い」と日陰《ひかげ》をさがしていたタイプで、汗も人並みにかいていたはずなのに……。

今は、汗も本当に少量だ。「汗をあまりかかない選手は、暑さに強くて体力がある」という話を聞いたことはあるけれど、そのあたりのメリットがある体なのかどうか。

とはいえ、最近、年齢が上がってきて、以前よりは少し汗が出てくるようになったように感じる。少し前までは、夏の西武ドーム（現メットライフドーム）ですら、動かないと、まず汗が出なかったのだけれど、かろうじてツーッと垂《た》れるくらいにはなってきた。汗も出ないから、以前はほとんど摂《と》らなかった水分も、少しだが補給するようになった。冷え性の分、しっかり試合前の準備も時間をかけ、今のところはそれもいい効果としてコンディション維持につながってきたのかもしれない。

20年シーズンも、試合前にはたっぷり温まり、じっくり体をほぐし、チームメイトのブーイングを浴びながら、しっかり仕事をしたい。

敵はグラウンド上だけでなく、鼻づまりも。体調維持に配慮する

冷え性以外にも、厄介な問題がある。鼻炎《びえん》、鼻づまり。正式には、副鼻腔炎《ふくびくうえん》だ。ハウスダスト、エアコン関連の空気や、杉《すぎ》、檜《ひのき》などの花粉、雑草にもアレルギー反応を示す。だから、極端に言えば、家の外でも中でもダメ。なかなか、つらい。遠征先ではホテルを利用するけれど、僕は夏でも、先ほども話したようにエアコンをほぼ使わない。エアコンのほこりなどで鼻づまりがひどくなることがあるからだ。窓があればあけて、少しでも空気を循環《じゅんかん》させたい。でも、ホテルによっては、窓があかないところも多い。暑くてどうしても寝つきが悪くなるようなときだけ、エアコンを10分程度つけて、必ず切って寝る。

外に出ると、雑草にも反応してしまうから、花粉症の季節と言われる春だけでなく、夏も秋も、それなりにつらい。天然芝ですら手がかゆくなることがあるので、厄介だ。鼻づまりは集中力が削《そ》がれやすくなるし、睡眠にも影響が出るので、とにかく面倒だ。

花粉症で苦しむ選手は野球界でもけっこういるけれど、僕の場合は、プロ6年目ぐらいからいよいよ鼻が詰まり、蓄膿《ちくのう》になった。そのときは薬で膿《うみ》を出して流してすっきりした

が、時間がたつとまた詰まり、１年でほぼ元に戻ってしまった。天然芝の「ほっともっとフィールド神戸」で、花粉も飛ぶ春先に試合があるときは、僕の中では厳戒態勢で臨《のぞ》まないといけない。日帰りでできる手術の話を最近聞いたので、ちょっと検討してみようかと考えている。

アレルギーとはまた別に、乾燥やほこりっぽさが気になることもある。自宅と違って、ホテルは乾燥している部屋が多い。加湿器を設置してくれているホテルもあるけれど、汚れが気になったりして、あまり使わない。風呂にお湯を溜《た》めて、浴室のドアをあけるという方法も、部屋の火災報知器が反応しそうなので、控えている。10年シーズン、僕はインフルエンザに感染してしまい、チームを離れたことがあった。どれだけ気をつけても防げないものもあるが、個人の体質的なものを僕はいろいろと抱えているので、より慎重にならなければいけないと思う。体調維持には十分配慮して、シーズンを乗りきりたい。

食べたいものを食べる。サプリのローテーションまで考えない

17年のＷＢＣに参加したとき、「侍ジャパン」に同行していた栄養士の方にびっくりされたことがある。「よくこれで、ここまで来ましたね」と。僕は食事に関しては食べたいもの

を食べるのがポリシーで、栄養素の細かい計算などは一切《いっさい》していない。もちろん、漠然《ばくぜん》と、「バランスが偏《かたよ》りすぎないように」という頭はある。酒も付き合い程度しか飲まない。でも、それ以上に考えることはない。

今はカロリー計算や、サプリメントも利用しながら、栄養補給の面も細かく考えるという選手が増えてきている。ダルビッシュ有もファイターズに在籍していたころから、様々なサプリを飲み分けるなど、いろいろと配慮しながら対処していたようだ。今なら、金子弌大さんも相当細かく計算されている。でも、僕にその考えはない。

シーズン中は、サプリメント等も一切飲まずにやってきた。リリーフは、毎日仕事に備えなければならない。登板の有無にかかわらず、緊張が途切れることはない。心身ともに、疲労が蓄積されていく。それだけに、「こまめに疲れを取ったほうが……」「だからこそ、サプリメントを……」「食事もしっかり考えて……」という発想が一般的だろう。もちろん、その考え方は理解できる。

ただ、僕は、「疲れているのに、食事のときまであれこれ考えたくない」となってしまう。好きなものを、ストレスなく食べたい。このスタンスで、問題なくやってこられている。

とはいえ、これはシーズン中の方針であり、オフにはしっかりサプリメントも摂取《せっしゅ》している。どういうことか。

108~111ページでも触れたけれど、僕はオフの3か月で、シーズンを戦うための体作りをする。この時期は、その補助としてサプリメントも利用している。「トレーニングはともかく、サプリを飲むだけなら、シーズン中も続ければいいのではないか」と思われそうだが、そうしないのは僕なりのメリハリというか、考え方。とにかく、シーズン中は考えることを1つでも減らしたいのだ。それくらい、野球に集中している。

だから、「今日はこのサプリ、明日はこっちのサプリ、このタイミングではあのサプリ」とややこしいことはしたくない。ただ、オフになれば、気分と時間に余裕があるので、数種のサプリをしっかり飲んでいるというわけなのである。

無音の空間で、ボーッとクールダウンする

試合のあとは、やはり気持ちが昂《たか》ぶっている。ビジターなら若いときは外で食事に出ることもそれなりにあったけれど、最近はその数もすっかり減った。球場からホテルに戻ると、マッサージをしてもらい、食事会場でおなかを満たし、あとはひたすら部屋でゆっくりすごす。

ただ、ホテルの部屋の中なので、ゆっくりすごすといっても、せいぜいスマホでメールをチェックしたり、ニュースの記事を見たりするくらい。

そう、僕はテレビをほとんど見ないのだ。朝や昼間にテレビがついていれば、ぼんやり見ることもある。でも、試合終わりの夜は、自宅でもホテルでも、まず見ることはない。これも若いときはなんとなく夜中でもつけていることがあったけれど、ここ数年は試合終わりのテレビをほとんど見た記憶がない。夜も遅いので、見たい番組がそれほどないというのも1つだが、いちばんは、とにかく音がない空間でゆっくりしたいということ。

つい何時間か前まで、お客さんの大声援と熱気の中で極限の勝負をやってきたあとだ。とにかく昂ぶった神経を鎮《しず》め、熱を帯びた体もクールダウンしたい。そのためには、賑《にぎ》やかな音のない、できれば無音の空間で、ボーッと寝ころびたい。だから、スマホで今日のニュースを見ていても、熱を冷ますための時間なので、頭は全然働いていない。目で記事を追っていても、実際にはなんの情報も頭に入ってこない。その状態で長いときは2、3時間、ベッドの上でゴロゴロしながら、心身の熱を冷ましている。

振り返ってみると、数年前までは試合後でも、例えば自宅なら、録画しておいたドラマを見るようなときもあった。

なにを見ていたかと言えば、真っ先に浮かぶのは、『昼顔《ひるがお》』だ。そしてその前は、『半沢直樹』。この2つのドラマは、楽しみながら、しっかり見た。実は、僕は上戸彩《うえとあや》さんのファン。なので、上戸彩さんが出ていたドラマを当時見ていたというのもあった。おそらく、テレビドラマをしっかり見た最後が、『昼顔』ではないか。僕のドラマ鑑賞は、この作品でストップしている。

関西に住んでいた学生時代は、お笑い系の番組をよく見ていた。夜の自由な時間はたくさんあったし、深夜にクールダウンの必要もなく、あのころは見たい番組を好きなだけ楽しんでいた。関西人なので、もともとお笑い好き。尼崎のスターであるダウンタウンの『ごっつええ感じ』や、吉本新喜劇も昔からよく見ていた。とくに、辻本茂雄《つじもとしげお》さんのキャラ「しげじい」が最高に面白く、ハマっていた。今、息子たちも吉本新喜劇を見るようになり、楽しんでいる。あるとき、衛星放送かなにかでやっていたのを、「面白いぞ」と見せたのがきっかけだ。

……と、久しぶりにテレビ番組の話をしたけれど、まあ、見なくなった。無意識のうちに、静かな場所を求める気持ちが年々強くなってきたのだろう。

50〜51ページで話したように、試合前にはトイレの個室にこもる。そして、試合後には部屋でボーッと、無音生活。そうしたスタイルで、僕は精神的なバランスをとっているのかもしれない。

RIPCURL
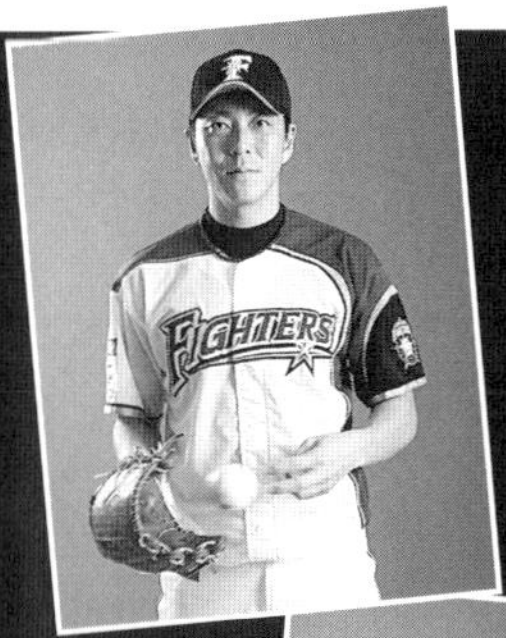
FIGHTERS

第6章

成長の中で、心を受け継ぐ

～僕の原点からプロ入りまでの軌跡～

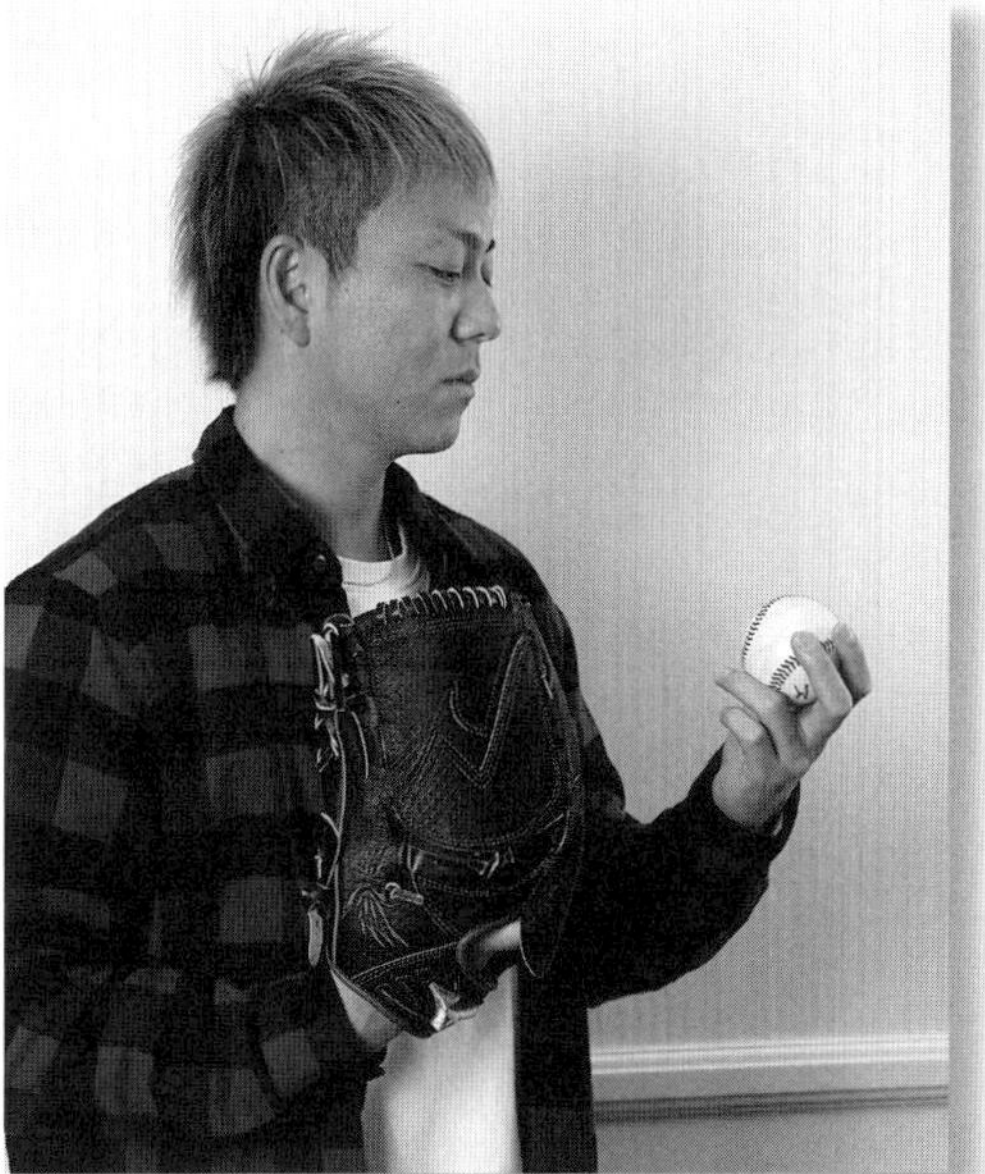

北の大地の素晴らしさに触れ、改めて生まれ故郷・尼崎の良さも知る

前章に続き、僕のプライベートについて、もう少し記したい。時代をさかのぼり、本章では、幼少期から大学時代までの思い出を振り返る。親や恩師、そして生まれ育った地から受け継いだ、僕の根っこのマインドのようなものを理解してもらえるのではないだろうか。

「宮西」という字の並びのためか、関西にいたころから、兵庫県の西宮《にしのみや》市出身と思われることがあった。西宮と言えば、阪神タイガースの本拠地で高校球児憧《あこが》れの甲子園球場がある場所。でも、僕の出身地は、西宮市のおとなりで、より大阪に近い尼崎市だ。

関西圏内、とくに大阪、兵庫において、尼崎の呼び名は「アマ」で通《とお》っている。僕の出身高校である市立尼崎も、「イチアマ」。中学の出身チーム・尼崎ボーイズも、「アマボー」。すべてが、「アマ」「アマ」「アマ」な感じだ。「アマ」の呼び名を大阪、兵庫以外の地域にも広めたのは、お笑いスターのダウンタウンだろう。尼崎出身のお2人が出演番組で子どものころの話をするときなどに、「アマにおったころに……」「アマの商店街にあったレコ

ード屋で……」と話し、多くの人の耳に、「アマ」の響きが届いていったと思う。

甲子園から阪神電車に乗れば、阪神尼崎駅まで10分足らず。JRの尼崎駅もすぐ近くにあり、梅田や大阪にも近く、交通の便もいい。兵庫県のほかの都市と言えば、神戸《こうべ》はオシャレな港町、芦屋《あしや》や西宮あたりは高級住宅街のイメージ。一方で、姫路《ひめじ》あたりは勇ましい印象で、ほかにも明石《あかし》、高砂《たかさご》、淡路島《あわじしま》に、城崎《きのさき》温泉やコウノトリの育成で知られる豊岡《とよおか》……。個性的な街《まち》が多い。尼崎は工場地帯で、大阪と隣接していて、なにかとガヤガヤした感じもある。兵庫の中でも極めて大阪っぽい場所かもしれない。

甲子園がすぐ近くにあることも大きいだろうが、野球が盛んで、街は阪神一色。常にどこかで阪神戦の中継が流れており、話題が飛び交《か》い、街中《まちじゅう》に阪神を感じるお店や広告がある。「がんばれ阪神タイガース定期預金」などの企画で話題になったのは、尼崎信用金庫だ。おじさんたちの話はいつも、「きのうの阪神は……」から広がっていく。

「濃い」地域であることは間違いない。22年間この地元にいて、23歳から北海道へ移った。今は北海道暮らしが13年目になるけれど、同じ日本でも見事に違う。自然環境や街並みはもちろん異なる中で、いちばんの違いは人柄だ。北海道の人に比べて尼崎の人がどうかと聞かれたら……。率直《そっちょく》に表現すれば、少々うざいくらいな関西風(笑)。もう少し柔らかく言えば、「フレンドリー」。人と人との距離感が、北海道の人に比べて圧倒的に近い。関西色が極めて強いエリアなので、会話の中には常に笑いを入れてくるし、1人ひとりのキャラも、とにかく濃い。ど派手なイメージで、色つきの街。ぴったりの色はオレンジ。

対して北海道の人は、本当に大らかで優しい。そして純粋。北海道は人も土地も空気も澄《す》んでいて、街も人のイメージも、透明。道内各地で、ファンや自治体がファイターズを支援してくれる様子からは、ピュアな気持ちがガンガン伝わってくる。それは、球場でも同じ。チームやプレーヤーを優しく、そして熱狂的に応援してくれるので、僕たちも、頼もしく強い気持ちを得て、真摯《しんし》に試合に取り組むことができている。本当にありがたい限りだ。

毎年11月までの「オン」の時期と、そこからあとの「オフ」の約3か月。キャラクターも風景もまったく違う2つの街で、僕は生活している。これが、極めて心地いい。「北海道」の宮西と、「アマ」の宮西。ファイターズのプロフェッショナルとしての宮西と、生まれた土地に根ざした宮西。ガラッと場所を変えることで、自分もまた新たな気持ちでいられる。オフに尼崎に戻ってきているときは、練習のとき以外、完全に「ファイターズの宮西」のスイッチを切っている。スウェットを着て、ふらっと駅前を歩き、コンビニに立ち寄るなど、なにかと自由だ。一方、シーズン中の北海道では、気持ちが入っている。普段の生活の中ではもちろんリラックスできることもあるけれど、「ファイターズの宮西」としての意識も残りがち。ほど良い緊張感の中、高いモチベーションを保てている。

１つややこしいのは、シーズン中に遠征で関西に来たときだ。とくに、尼崎の近所である甲子園での試合のときなど、僕にとっては地元感がバリバリにあるのに、オフのような元の宮西キャラに戻る時間がなく、むしろ落ち着かなかったりもする。ともあれ、この個性豊かな「アマ」と、大らかで透明感たっぷりの「北海道」を棲《す》み分けながらの暮らしが、僕にはピッタリ。北海道の素晴らしさを知ったことで、改めて尼崎の良さも感じられた。そうして生まれ故郷への「アマ愛」が深まると、今度はまた、現在暮らす地への「北海道愛」もいっそう高まっていく。もうしばらくは、この格別の「二股《ふたまた》生活」を楽しみたい。

少年時代、野球の楽しさを知り、グラウンド外で勝負の鉄則を学ぶ

僕は、阪神の21年ぶりのセ・リーグ優勝、１リーグ時代を入れると38年ぶりの日本一（２リーグ制後初）で、尼崎の街も沸《わ》きに沸いた１９８５年の生まれ。父、母、姉と僕の４人家族で、父親は会社勤めという、ごく普通の家庭の中で育った。野球を始めたのは、幼稚園の年長のとき。「集団生活の中で成長してほしい」と考えた母が、ボーイスカウトに入れるか、野球チームに入れるかと考え、最終的に野球を選択することになったらしい。４つ

上の姉の同級生の男の子が、僕が入る野球チームにすでに入団していて、「弟もやらせてみたら」と姉が言われたことも、チーム入りのきっかけになったと聞いている。

入団したのは、「立花《たちばな》ドリームズ」。まだ幼稚園の年長なので、野球というよりボール遊びの感覚だったと思うけれど、僕は当初、右で投げていたそうだ。でも、うまく投げられず、ぎこちない。それを見ていたチームの監督から、「左利きちゃうか？ 左で投げてみろ」と言われ、投げてみたら、右よりもスムーズに投げたという。そこで、左用のグラブを親に買ってもらい、そこから左投げとなった。監督の気づきがなければ、もしかするとそのまま右で投げ、単に投げるのがうまくない子、として野球を続けていたかもしれない。少なくとも、サウスポーデビューはもう少し遅くなっていただろう。

そして、学年が進むごとに試合でも投げる機会が増え、ピッチャーの楽しさも感じるようになった。小学6年生のころはチームも強く、地区大会などいろいろな大会で優勝。勝つことの喜びを得た。僕自身も、お山の大将の気分で投げていた記憶がある。ただ、僕が楽しいのは試合だけ。練習になると、とたんに行きたくなくなり、いつも、ずる休みをしようと画策。親からそれを伝え聞いた監督に怒られることもありながらの6年余りだった。今、振り返ると、立花ドリームズは厳しいけれど、指導者の方々が熱心に野球を教えてくれ、さらに野球以外にもいろんな楽しい行事があり、本当にいいチームだった。競技生活のスタートでこんな集団の一員となれたことは、僕の野球人生において、かなりの幸運だった。子どものころ、普段の僕はどんな感じだったかと言えば、けっこうヤンチャなタイプだったと思う。学校では、常に先生に怒られていた。それもクラス担任の先生だけでなく、ほかのクラスの先生にもしょっちゅう怒られ、自分のクラスの前ではない廊下《ろうか》に、よく立たされていた。ケンカもするし、イタズラもする。基本的に、先生の言うことを「はい」と聞かなかった。今なら廊下に立たされるだけで、体罰だどうだと問題になるのかもしれないけれど、僕は悪いことをしたら、しっかりと叱《しか》られた。今でもそれが当たり前だと思うが、その当たり前を経験できて良かった。

小学校、中学校と、親も大変だったのではないか。あとになって、そう思う。ケンカをした相手の家に謝りに行ったり、学校の先生から呼び出しを受けて頭を下げに行ったり……。とくになにに不満があったというのではなく、単に「人の言うとおりにしたくない」と、意味もなく、トガっていた気がする。一方で、なにをするときも、「目立ちたい、なんでも1番になりたい」という気持ちもあり、いろんなところでまわりとぶつかっていた。

体は細かったけれど、ケンカではほとんど負けなかった。ケンカは、パワーより、いかに先に仕掛けられるかが重要で、あとは気合いだと僕は思っていた。野球と同じで、先制できれば勝てる。立ち遅れると負け。グラウンド外でも勝負の鉄則を学んだ少年時代だった。

まわりの辛抱《しんぼう》と期待が、野球につなぎとめてくれた

小学校、中学校のころの僕は、プロ野球より高校野球を見るのが好きだった。甲子園のテレビ中継や、兵庫県内では地元のサンテレビが中継する夏の兵庫大会も、時間があれば見ていた。選手で好きだったのは、僕が中学2年のときの夏の甲子園（99年）で優勝した桐生《きりゅう》第一高校（群馬県）の正田樹《しょうだいつき》さん。その秋のドラフトで、当時の日本ハムファイターズ（北海道移転前）からドラフト1位指名を受けてプロに入った方で、細身の長身から、大きなカーブとストレートで三振の山を築いていた。

甲子園の大活躍を見ながら、ただ、ただ、格好いいなあ、と憧《あこが》れの目で見ていた。でも、そのころの僕は、「俺《おれ》も高校に行って、甲子園で投げるぞ！」といった気分では、まるでなくなっていた。小学校のころは極めて順調だった野球生活が、中学になると一変。学校のクラブには入らず、硬式のクラブチーム「尼崎ボーイズ」に入団したけれど、野球から離れる危機があった。野球人生で初めての挫折《ざせつ》を味わったのだ。高校、大学、プロとレベルが上がる中でも様々な壁に当たったが、本気で野球をやめようと考えたのは、このときだけだ。

尼崎ボーイズには、立花ドリームズのチームメイト5人も一緒に進んでいたけど、小学校時代とは違い、能力の高い選手が集まっていて、チームのレベルもなかなかのもの。中でもピッチャー志望者には、僕よりはるかに球が速く、誰が見てもエースになるという選手がいた。実際、学年が上がっていく中でも、その選手の能力は僕より常に先を行っていて、自分の実力を思い知らされたような気分になり、どんどん野球が楽しくなくなってしまった。

ただ、その選手はバッターとしても秀《ひい》でていたため、サードを守り、クリーンアップとして試合に出ることが多くなった。その結果、僕が背番号「1」をつけて試合に出ることになったのだけれど、これがまた恥ずかしいというか嫌《いや》で、ますますグラウンドから気持ちが離れていった。力では劣っているのに、いちおうは頑張《がんば》っている2番手と、投手としてのポテンシャルはいちばん高いけれど、サードでも出られるプレーヤー。ならば、前者をピッチャーで使っとこうかという程度の背番号1。僕は、完全にそうとらえていた。

実際、大会で投げても、中学2、3年のころの僕のピッチングは散々だった。スピードはないし、ストライクは入らない。ストライクが入ったら入ったで、打たれるの悪循環《あくじゅんかん》。

そのころにはもうスライダーも投げていて、曲がりは大きかったものの、全然ストライクが取れない。見逃されたら、全部ボール。本当に野球をやめたくなった。自分の野球人生で、いちばんグラウンドに行きたくなくなったのが、この中学2年から3年にかけて。もともとが「お山の大将」のような性格で、なにをするにも1番でないと気がすまなかった。そんな調子で生きてきていたので、初めて思いどおりにいかず、そこで、「なにくそ！」となるのではなく、「俺なんて、こんなもんや」と、一気に気持ちが落ち込んだのだった。しょせんは、子ども。軟弱だった。「やめたい」と思っている中、練習は冬になり、どんどん厳しくなっていった。それでよけいに面白さを失い、この時期がやめたいピークだった。

そのころ、追い打ちをかけるように、僕にだけ特別メニューが課せられた。練習グラウンドまでの「1人往復ランニング」だ。チームの練習グラウンドは尼崎の中心街から少し離れた、末広という海辺近くの地区にあった。僕の家からは7、8キロ。けっこうな距離だと思うけれど、チームメイトがグラウンドまで自転車で行くところを、僕は1人だけ走って往復するよう、指示を受けた。このランニングが、本当にキツかった。練習は、水金土日。水曜や金曜は、学校が終わったあとの夕方からの練習。学校から家に帰り、ユニフォームに着替えて野球バッグを背負い、走っていく。たまに同級生がバッグを自転車に積んで持っていってくれるときもあったけれど、僕自身はひたすら走る以外にない。1人遅れてグラウンドに着いて、練習の途中から参加。みんなが終わっても、僕だけまだやることが残っていて、最後にグラウンドを出て、また走って帰る……。往復15キロくらいは走っていたはずで、これを週4日。それでも球は速くならないし、コントロールも良くならない。本当にいつやめようかと、それればかり考えていた。

ただ、最終的にはやめなかった。というより、チームの人たちが退団を認めてくれず、やめられなかったのだ。その都度《つど》、引きとめられ、それを押し返すだけの強い意志が、僕にもなかった。でも、もしどこかのタイミングで、「わかった、好きにしろ」と言われていたら、間違いなく僕の野球人生はそこで終わっていただろう。あとになって思えば、冬場の厳しいランニングも、監督、コーチが僕に期待をかけていたからこそ、課したものだったはず。当時はそんな思いを理解する頭もなかったけれど、尼崎ボーイズの指導者の方々が僕を見放さず、辛抱《しんぼう》強く説得し、また鍛《きた》えてくれたことに、今となってはひたすらありがたい気持ちでいっぱいだ。人生というのは、まわりの人の支えや助けの中で成り立っていくものだと、改めて思う。僕のつたない人生に関わってくれたすべての人に、本当に感謝だ。

「憧《あこが》れ」には、未来への迷いを一瞬に消し去る力がある

中学3年の春になると、進学先をどうするかという話が出てきた。このときもすんなりとは行かなかった。中学時代こそ野球をやめずに続けてはいたけれど、自分の力の上限が

見えた気持ちになっていた僕は、その時点で、「中学で野球はやめます。高校ではやらない」と宣言。これは親に対しても同じで、ハッキリ言っていた。親は、僕に高校でも野球をやってほしかっただろうし、そのために中学でも硬式のクラブチームに入れたはずだ。でも僕は、「野球は、中学まででいい」の一点張り。中学時代は小学校のころよりさらにトガっていて、親とは最低限の会話しかしなかったので、そのころは接し方にも困っていたはずだ。

僕から野球を取ったら勉強ができるわけでもないし、なにかやりたいことがあるわけでもない。困った親は、コーチと相談したらしい。なんとか僕が高校でも野球をやるように、言ってくれないか、と。コーチたちも、たびたび僕の気持ちを野球に向かせようと、話をしてきた。

僕の進路問題は、膠着《こうちゃく》状態となり、長期戦の様相を呈《てい》しつつあった。でも、あるとき、コーチが学区内の高校「市立尼崎」の話をしてくれた。僕の家からも近い、通称「市尼《いちあま》」は体育科ができて、2年目。コーチは、「お前には向いていると思うぞ。野球も、熱心にやっている」といった感じで、勧《すす》めてきた。さらに続けて、僕の心を揺《ゆ》さぶる話を切り出した。

そのときの市尼の1年生、つまり僕の1学年上に、金刃憲人というすごい左投手がいると教えてくれたのだ。金刃さんは先にも書いたが、のちに市尼でエースとなり、活躍。立命館大学を経て、巨人へ希望枠で入団。巨人、東北楽天で10年現役を務めた人で、僕が誰よりも目標として追いかけるようになった先輩だ。

高校1年のころから金刃さんの力は図抜けていて、いずれはプロに……と、当時から期待を集めていたそうだ。僕に話をしてくれたコーチは、市尼でもときおりコーチをされていて、「金刃がおるから、絶対、お前のためになる。市尼で、野球を続けろ」と、熱心に勧めてくれた。

さらに市尼では、もう1人、コーチをしている方がいて、その人は元プロで左投手、という話もしてきた。実はその人が、僕の入学時から監督となる、前述の竹本修さん。阪急（現在のオリックス）に在籍したサウスポーで、２０２０年となった今も市尼の監督を務めていらっしゃる。ここでまた僕を説得していたコーチが、「絶対、お前を伸ばしてくれる」と、なんとか僕の気持ちをぐらつかせようと、熱心に語り続けたのだった。

こういう状態が2、3か月続き、最後は僕が根負けしたというか、一歩譲り、市尼の受験を決めた。ただ、自分の中で1つ条件をつけた。それは体育科と普通科で受験し、体育科で受かった場合は、野球部に入る。でも、一般受験の普通科でしか合格しなかったら、野球は続けないということ。体育科は普通科より倍率が高く、合格は簡単ではなかった。まして、僕は勉強が苦手。説得に負けて市尼を受験するところまでは譲歩したけれど、「高校野球をやる！」と決めたわけではなかった。中途半端《ちゅうとはんぱ》な結論だったが、要は高校野球の厳しい世界でやりきる覚悟が持てていなかったのだ。

ところが、その気持ちが一瞬にして変わる出来事があった。先に書いたコーチの計《はか》らいで市尼の練習見学に行くことになったのだが、そこで金刃さんの投球を見て、気持ちが一変した。とにかく格好がいいし、雰囲気はあるし、ボールも素晴らしい。その姿を見て、とたんに、「俺もこういうピッチャーになりたい、こんなボールを投げられるようになりたい！」と、気持ちが180度変わったのだ。最初は渋々出掛けた練習見学にも、週2ペースで通うようになり、高校野球の世界で勝負する気持ちがいよいよ固まった。体育科で受験するための準備もしっかりとし、僕にとっての「難関」を突破。無事合格となった。

01年、僕は市立尼崎高校に入学し、野球部の一員となった。またここから、僕の野球人生はつながった。ただ、もし普通科にしか受からなかったとしても、市尼で高校野球をやったはずだ。金刃さんのピッチングには、僕のフラフラと揺れていた気持ちを一瞬にしてグラウンドへ引き戻し、離さなくするだけの力があった。それほどに魅力的だった。

元プロが熱弁した「野球の前に、人の道」の言葉に導かれる

僕が高校に入学する前年の秋からコーチだった竹本さんが、市尼の監督に就任した。先に書いたとおり、元プロの左投手。あとから聞けば、竹本さんもコーチ時代に中学当時の

僕のピッチングを見てくれていて、「鍛えたら面白い」と思ってくれていたらしい。この人との出会いも、僕にとっては大きなものだった。

竹本さんの経歴を改めて紹介させてもらう。中京大学出身で、阪急には4年間在籍（1987～1990年）。一軍では1試合の登板だったそうだが、現役引退後は球団職員として働き、その後、高校野球の指導者になる夢を追って、阪急を退社。中京大学時代に取得していた教員免許を生かし、教職についた。そのころは、まだプロアマの規定が厳しい時代。今なら、元プロは2日間の講習を受け、NPBに届けを出せば、高校生を指導できる。でも当時は、教員免許を取得した者が教壇に7年立ったあとでなければ、指導に関われなかった。その後、指導期間は7年から2年に大幅短縮。つまり、竹本さんは最も厳しい時代の条件をクリアして、プロから高校野球の指導者となった方なのだ。

初めて赴任《ふにん》した兵庫県立武庫《むこ》高校ではサッカー部の顧問《こもん》からスタート。野球部の監督となるまでの道は遠く、教えたくて仕方がない思いがどれほどあったのだろう、と想像する。それだけに、いざ教えを受けてみると、その指導はエネルギーに溢《あふ》れていた。とにかく、パワフルな熱血漢。それは、今も変わらぬイメージだ。そんな竹本さんの指導で強く心に残っているのは、野球の指導以前に人として……という理念。社会の中で様々な経験をされてきたであろう人だけに、「野球人である前に、人としてどうあるべきか」ということを、常に語られていた。だから、怒られるのはいつも生活面のことだった。

挨拶《あいさつ》、返事の仕方や、道具の整理整頓《せいとん》、そして学校での授業態度。授業中にしゃべって いるようなところをたまたま廊下《ろうか》を通った竹本さんに見つかると、その場で廊下に引っ張り出されて説教された。厳しかった。

しかも、僕ら体育科は、1年から3年まで竹本さんが担任だったから、毎日、教室でも顔を合わせ、なにか行事があっても、常に行動も一緒。修学旅行でも、竹本さんが引率して目を光らせていて、僕たちはまったく気も抜けず、「はい」「はい」と従うしかなかった。でも、今となっては、生意気盛りのあの時期に、しっかり生活面を指導してもらったことは、感謝しかない。だから、道をそれずにすんだ、と。学校の中では1人の生徒として、学校を出れば1人の人間として通用する……そういった、人として生きていく道の礎《いしずえ》を作ってもらった。

とりわけ、僕には厳しかった。当時は、「なんで俺ばっかり」という思いも強かった。ただ、その半面、納得もあった。怒られるときには、思い当たる理由を僕自身がいちばんわかっていたからだ。ちょっと練習で手を抜いたり、学校生活でいい加減なところが出たりすることが、たまにはあった。そんなときには間違いなく、ピシッと怒られた。

一方、「ちょっと練習で手を抜いたり……」と述べたけれど、厳しくされる中で要領を覚えるということもあった。これは悪い意味ではなく、社会を渡っていくときに必要な力であって、そうした賢さが身についたのだ。例えば、夏の炎天下でグラウンド20周、30周と走っているとき、竹本さんの姿が一瞬、物陰《ものかげ》に入り、こちらが見えなくなる。すると、その瞬間、僕らはペースを落としたり、ときに歩いたり、ときに休んだり……。竹本さんも選手の行動がわかっていたところもあっただろうけれど、ときには見て見ぬふりをし、ときには叱り飛ばす。お互い、駆け引きしながらも、正面からぶつかり合っていたと思う。

プロ入り後も自主トレで市尼のグラウンドを使わせてもらっていて、そこで竹本さんとはいつも顔を合わせ、話をさせてもらう。今となっては、本当になんでも話ができる関係になっている。それでも顔を見ると、ピンと背筋が伸び、一瞬にして気分はあのころに戻る。

野球人としてだけでなく、社会人としての素地《そじ》を叩《たた》き込んでくれた竹本さん。今になってもまだそういう人がいることが、僕にとってはうれしく、ありがたくもある。

高2の夏、「勝負に絶対はない」の意味を知る

竹本さんからの投手指導は、極端に言えば、このひと言だった。

「金刃を見とけ」

つまり、見て学べ、見て感じろ、という意味だ。これまでも書いてきたとおり、僕が野球人生の中で唯一《ゆいいつ》、目標として追いかけたのが金刃さん。あとで竹本監督が、「金刃のストレートは日本刀のキレ、宮西のストレートは木刀の強さ」と言っていたと聞いて、当時の持ち味をうまく表現しているなと思ったことがあったけれど、金刃さんのストレートはまさに抜群のキレがあり、スライダーも絶品だった。

ボールだけではない。フォームに関しても、体の使い方を勉強させてもらったし、練習に対する取り組み方、試合でのマウンドさばきや、バッターへ向かう姿勢など、挙げればキリがない。金刃さんは2年時から主軸投手。エースの風格が漂《ただよ》っていて、すべてが参考になった。

金刃さんがブルペンに入ったら僕も横で投げさせてもらい、金刃さんがランニングに行ったら僕もついていく。134ページでもお話ししたとおり、入学からの2年は「金魚の糞《ふん》」状態だったと、自分でも思う。金刃さんとは1年違いだったため、近くで1年半ぐらいは見ることができたのも大きかった。また、僕が入学したばかりの1年生のときには、2学年上の3年生相手に比べ、当時2年生の金刃さんとは、やはり少しは距離感も近く、親しく接してもらえる部分も、いくらかあった。

そうは言っても、僕にとって金刃さんは、まったく雲の上の存在だった。まわりからは同じ左投げというだけで、「1年のときの金刃は、こうだった。今の宮西は……」と、なにかと比較して語られるときもあった。少しはうれしくもあったけれど、「おそれ多くて、とんでもない」という気持ちが強かった。

ただ、金刃さんの近くで時間が過ぎていく中で少しずつ僕の心にも、「もっと力をつけて、早く金刃さんみたいに信頼されるエースになりたい」という欲が出てくるようになった。中学時代に苦しんだときとは違い、厳しい練習の中でも高校時代は成長できていると、自分なりに感じられるようになっていたからだろう。

下級生のころは金刃さんと甲子園に行きたい気持ちが強く、なにより金刃さんが甲子園で投げる姿を見たかった。結局、その思いは叶《かな》わなかったが、大きなチャンスはあった。金刃さんにとって最後となった、02年夏の兵庫大会は忘れられない。

市尼は2回戦から登場し、順当に勝ち上がった。4回戦では村野工業高校、5回戦では夢野台《ゆめのだい》高校、準々決勝では前年代表校の東洋大学附属姫路高校（東洋大姫路）を金刃さんがシャットアウトで抑えて、ベスト4へ。金刃さんは準々決勝まで29回3分の2を投げ、わずか1失点で、34奪三振。完璧《かんぺき》な内容で、各校の打線を封じていた。

そして、迎えた準決勝。相手は、前年春に甲子園初出場を果たして勢いに乗る神戸国際大学附属高校（神戸国際大附）。この02年秋のドラフトで近鉄に1巡目で指名され、今も東京ヤクルトで活躍されている坂口智隆《ともたか》さんが「3番・センター」で出場。試合は、初回に市尼が1点を先制、3回に守りのミスが絡《から》み同点とされるも、4回に一挙4点。相手を突き放すと、8回にも1点を加え、9回裏を迎えた時点で、6対1。金刃さんのピッチングからして、試合を見ていた誰もが市尼の勝利を信じて疑わなかったはずだ。

ところが、9回裏、神戸国際大附の猛攻を受けて、金刃さんがまさかの6失点。おそらく兵庫大会史上に残る大逆転劇で、市尼は決勝進出を目前にサヨナラで敗れてしまった……。「勝負はゲタを履《は》くまでわからない」という言葉があるけれど、僕の野球人生の中でも、あれほどの「まさか」を感じた試合はない。

のちに聞いたところによると、金刃さんは9回裏のマウンドへ向かうときに、スタンドからの「あと3人やぞ！」という声が耳に入ったそうだ。そのときに「ハッ」となり、「そうか、あと3人で終わりだ」と思ってしまったらしい。それまでとは違う心の動きがあったということだろうか。この苦い経験を経て、以降の金刃さんは9回になっても、「あと3回くらいある」というつもりでマウンドに上がったという。

僕はあの夏、ベンチでなにもできず、ただただ、高校野球の厳しさと野球の怖《こわ》さを肌身《はだみ》に感じながら、グラウンドを眺《なが》めるしかなかった。でも、振り返れば、その厳しさや怖さが、手本とし続けた金刃さんから最後に学んだ教えだったようにも思う。

病院から直行のマウンドで、高校野球生活を終える

金刃さんを見つつ、練習を積んでいく中で「投げ方も似てきた」と言われることがあった。ただ、自分ではよく覚えていないけれど、僕のほうが少し腕の出どころは低かったと思う。プロ入り後、少年野球時代の友人に会ったとき、昔話から僕のフォームの話題になることがあった。小学校のころは柔らかい腕の振りのきれいなオーバースローだったらしい。それが中学校からいきなり変わり、今の原型を思わせる少し腕を下げた形になったと、その友人は言っていた。僕には、フォーム改造の明確な記憶はない。だから、「なにをきっかけにしたか」「いつから腕を下げたか」などは不明だけれど、どうやらそういうことのようだ。

思い当たるとすれば、中学時代の不調だ。ストライクが入らなくなり、球速も上がらず、ストライクが入ると、打たれる。その中で僕なりに、打者の打ちにくい球やフォームを考えたのではないか。そして、その中で自然と腕が下がっていったのかもしれない。

金刃さんらが退部され、２年の秋から僕はエースとなった。金刃さんたちの夏の敗戦のショックがまだ残る中での新チームスタートだった。なにより前チームに懸《か》けていた竹本

監督は、ダメージが大きかったのか、しばらくグラウンドに姿を見せなかった。僕たちは、「俺らは、監督から期待されてないんやろ」「自分たちで考えてやろう。監督なんかいらんわ」と、新チームのメンバーで、なかば強がりながら、監督なしで練習をしていた。

するると、秋の地区大会が始まる直前に、僕ともう1人のピッチャーが竹本監督に呼ばれた。それぞれに話をすることになり、まずもう1人の投手が先に監督と話すため、部屋に入った。話を終えて出てきたその選手は、「これから大会やけど頼むぞ、と言われた」と、明るい表情で語ってきた。「あ、そういう感じの話か」と、少し気もラクになって中へ入ると、僕に対しては、全然違った。「地区大会で負けたら、エースのお前のせいや。ええな!」と、気合いをたっぷり入れられたのだ。「なんなんや、これは……」と思ったけれど、あとになれば、僕のやる気に火をつける「竹本流」のカツだったのだろう。実際、そこで火がついた。地区大会を勝ち、進出した県大会でも投げるごとに、ピッチング内容も気持ちも乗っていった。相手と戦いながら、僕の意識はベンチにもあった。「監督、見とけよ」と。

準々決勝までは勢い良く突破したものの、準決勝では僕が打ち込まれ、育英高校に1対6で敗れてしまった。それでも3位決定戦に勝てば、翌03年春のセンバツ(選抜大会)の出場権をかけた近畿大会に進める。しかしその試合も、当時注目されていた在日ベトナム人のグエン・トラン・フォク・アンを擁《よう》する東洋大姫路に、ノーヒットノーランを喫《きっ》し、0

対2の完敗。甲子園がチラッと頭によぎるところまでは行ったけれど、まだまだ力不足を痛感。初めて高校でエース番号「1」を背負った戦いは終わった。

あの大会で、強く覚えているエピソードがある。それは育英戦後のこと。

「お前らがここまでやると思わんかった。今日の試合は完敗やったけど、ようここまでやった。ええ試合やった」

確かそんなふうに言って、監督が泣いたのだ。僕は先発で四球も多く、最終的によく6点でおさまったというようなピッチングだったと自分では思っていたのに、叱り飛ばされることもなかった。なにより、監督の突然の涙に選手もびっくりした。でも、同時にジーンときたのも確か。これを機にチームの空気が一気にまとまり、厳しい冬の練習を越えた03年春の県大会もベスト4。甲子園をしっかり視界にとらえ、最後の夏に向かった。

のちに振り返れば、甲子園では常総《じょうそう》学院高校（茨城県）が2年時のダルビッシュのいた東北高校（宮城県）を決勝で破り、全国制覇を成し遂《と》げた03年夏。兵庫県の優勝候補は、同年センバツでベスト4の東洋大姫路高校。そこに報徳《ほうとく》学園高校、神港《しんこう》学園高校らが迫る展開と見られ、秋春ベスト4の市立尼崎高校もダークホースの評価を受けていた。市尼が甲子園となれば、池山隆寛《たかひろ》さん（元ヤクルト、現東京ヤクルト二軍監督）が3番を打って出場された83年夏以来。ただ、公立ながら体育科があり環境面で恵まれているとはいえ、当時は

１７０校前後、今も約１６０校が参加する「激戦区・兵庫」の頂点に立つことは容易ではない。

そして、最後の夏の戦いは、５回戦で終わった――。

相手は報徳学園。あの夏は、チームにとって手痛いアクシデントが続いた。まず、大会前に4番打者が柔道の授業で骨折し、打線の核を欠いて戦わねばならなくなった。さらに報徳戦の当日は僕が発熱し、コンディションを崩《くず》した。前日もいつもどおりにすごし、体調を崩す理由は思いつかなかったけれど、朝から熱が高く、あわてて試合会場の尼崎記念公園野球場の近くにある病院へ駆け込み、点滴を打って、そのまま大一番へ挑《いど》んだのだった。

なんでこんな大事なときに熱なんか……と自分自身に腹立たしさを感じながら、そのままマウンドへ上がった。試合になれば、そんなことも忘れて一心不乱に投げ、中盤までは不運な当たりのヒットで取られた1点だけで、しのいだ。

しかし、打線が相手の先発投手で１９０センチ超えの1年生左腕に、完璧《かんぺき》に封じられた。2年後（05年）の秋のドラフトで東北楽天から1位指名を受けてプロに進む片山博視《ひろし》（現在はBCリーグの埼玉武蔵ヒートベアーズ選手兼任コーチ）だった。僕たちのチームは、ほかの投手の先発を予想していた。頭にない起用でもあったけれど、なにより、片山の威力十分のボールに対応できなかった。チャンスらしいチャンスも作れずに試合が進み、終盤、のちに関西学院大学で僕の後輩ともなる、現報徳学園コーチの宮崎翔に打たれた。勝負を決める2ラン。相手は2年生で、まさか長打を食らうとは思っておらず、ここでガクッと気持ちが落ちた。その後、ダメ押し点を奪われ、最後は0対7で敗退。僕の高校野球は、ここで終わった。ラストゲームは、コンディショニングの大切さも教えられた悔しい負け……。

ただ、3年間を振り返ると、思っていた以上の成長ができたと思える高校生活だった。

入学時は110キロほどしかなかった球速も、最後には142キロにまで達した。この最速は、現役引退後に後輩と行った引退試合で肩も軽い中、狙《ねら》って出したものなので「別枠」としても、3年間で約30キロの球速アップ。「俺たちは陸上部か」と思いたくなるほど走らされたことや、金刃さんや竹本監督から学んだことなど、すべてが糧《かて》となった。高校の進路決めに迷いに迷っていた3年前とは違い、次なるステージへ自信を持って進めるだけのことを行ってきた3年間だった。

親となり、親の偉大さを知る

今も市尼の同級生と顔を合わせると、懐《なつ》かしい話で盛り上がり、時間を忘れてしまう。あの3年間で経験したこと、得た友人は、人生の宝。その3年間、僕が野球に没頭できるようにサポートしてくれたのが家族だ。

宮西家は、野球にとくに熱心ではなかった。尼崎に住みながら阪神の話題で盛り上がることもなかったけれど、野球をするようになった僕の生活に合わせ、両親が助けてくれた。朝が早くて土日のない生活の中、食事、洗濯《せんたく》をはじめ、身のまわりをサポートしてくれたのが母親だ。小学校で少年野球のチームに入って以来、本当に負担をかけた。

そして、父親への感謝も大きい。僕のオヤジは本来、野球やスポーツにあまり興味があるタイプではなかったはずで、運動歴は学生時代に少しテニスをやった程度と聞いている。子どものころから見ていた父の姿を思い出しても、趣味らしいものと言えば、釣りや麻雀《マージャン》といったところで、いわゆる熱血体育会系ではなかった。

そのオヤジにも高校時代は、ずいぶん協力してもらった。僕は2年の途中から左ヒジに違和感を覚えるようになり、監督には言わず治療を続けていた。そのために通っていたのが、112ページでも触れた、豊中市の徳永治療院。尼崎と豊中は遠くないけれど、当時は夜9時まで練習があったので、その時間から電車を乗り継いでいては、遅くまで開院してくれていたとはいえ、治療時間に間に合わない。そこで僕は、練習が終わると速攻で家に帰り、待ってくれているオヤジの車に乗って、豊中へ。自宅から、車なら30～40分。治療が終わるまで、オヤジは車の中で待機し、施術《せじゅつ》後、また僕とともに車で帰宅するという毎日だった。

オヤジからすれば、仕事を終えて帰ってきても、僕の送迎《そうげい》があるため、食事も風呂もあと回し。往復の移動と治療で、家に戻るのは夜中の0時近くなることもあった。そして、次の朝は6時過ぎに起きて、また仕事へ行く。僕が2年の夏以降の約1年間、平日はほぼ毎日、このスケジュールで動いてくれた。おそらく、残業も付き合いもことわって時間を作ってくれたこともあっただろう。また、鍼灸《しんきゅう》での治療費は学生料金で安くしてもらっていたとはいえ、金銭的にも大変だったと思う。

でも、両親とも文句も言わず、僕を全力でサポートしてくれた。当時は、そこまで考えは及ばなかったけれど、親は、子どものためなら、なにをおいても助けるもの。格好良く言えば、「無償の愛」だ。自分も、親となり、いろいろなことがわかるようになった。今、我が両親ほどの「親」をやれているのかどうか自信はないが、そうありたいとも思う。

劣ったものより、同じスタートに立てるフィールドで、勝負すべし

高校の3年間で自信もつき、4年後はプロの世界へ挑戦したい――。そんな思いを持って進学したのが、兵庫県西宮市にある関西学院大学だ。

高校2年秋、3年春と県大会ベスト4の結果も残せたことで、推薦《すいせん》基準をクリアできたところも増え、多くの大学から声をかけてもらった。考えた結果、尼崎の居心地が良いこともあり、自宅から通える関西学院大学（以下、関学《かんがく》）に決めた。関学は西宮市の中でも「甲東園《こうとうえん》」という場所にあり、尼崎から電車を乗り継げば30分ほど。通学に時間もとられない環境は、野球をするうえでも申し分なく、体のメンテナンスの面でもこれまでどおり、豊中の徳永治療院で鍼《はり》治療を受けることもできる。

加えて、関学に進めば、高校時代に追いかけてきた金刃さんと対戦するチャンスもある。これも、大きなモチベーションになった。

134ページで述べたとおり、関学の野球部は関西学生リーグに属しており、金刃さんが進学していた立命館大学と同じリーグ。「今度は、金刃さんと投げ合って倒したい」「成長した姿を見せたい」。僕の思いは、一気に高まっていた。

ただ、関学行きを決めたのはいいけれど、1つ問題があった。それは名門として、関西《かんさい》大学、同志社《どうししゃ》大学、立命館大学とともに「関関同立《かんかんどうりつ》」と称される中の一校である関学は、求められる学力も高い。

推薦入試は面接と一般的な筆記ということでパスできても、両親や竹本監督が心配したのは、卒業のこと。「入ったはいいけれど、出られるのか？」。僕は、大学の授業やテストがどういうものかや、卒業する大変さを想像できていなかった。そのときは、「関学で頑張《がんば》って、4年後にプロへ行きたい」「金刃さんと勝負したい」といった気持ちだけ。両親や竹本監督の心配にも、「卒業できるように、絶対やります！」と、強く宣言。関学を受験したのだった。

そして、ひとまずは、無事に入学。野球では、1年時（04年）の秋からリーグ戦で登板し、2年時（05年）には好成績も残せた。一方で、問題の勉強はどうだったか。確かに、そもそもが得意ではないので、なかなか頭に入ってこなかったけれど、とにかく出席と提出物は怠《おこた》らず、授業でもなんとか理解しようと頑張った。

実は、入学時に、進級や卒業を考えたとき、大きなネックになる懸念《けねん》があったのが語学だった。一般教養は頑張ればなんとかなっても、語学はそうもいかないような気がしていた。まず、なにを選ぶか。その選択が悩みどころだった。

関学の場合は、英語は必修で、もう1つ第二外国語を履修《りしゅう》しないといけない。当時は、朝鮮語、中国語、フランス語、ドイツ語の順に人気があり、僕も上の3つを希望して履修届けに記入したのだが、まさかの書いていなかったドイツ語に。学業面のこういう運には恵まれないんだな、と思った。

このあたりは大学によりけりだろうが、僕のころの関学は、スポーツ評価で入学しても、学業面で配慮、優遇されることはないようだった。

「これは、本気で頑張らないと、進級、卒業で本当に引っかかるかもしれない……」

改めて気合いを入れ直し、ドイツ語では「いっひ」「もるげん」「くらーく」などと、単語を覚えた。実際、この4年間、野球はもちろん、勉強も人生でいちばん頑張った。テスト前の1か月は、野球の練習時間以外、学校の門が閉まるまで、図書館にこもりきり。少しは吸収力もあったのか、また野球で身についた集中力や体力も役立ったのか、なんとか勉強面でつまずくことなく、4年間をすごせた。

野球に集中するためにも、僕にとっては極めて大きな難関クリア。グラウンド外でも、「やればできる！」と、自信になった。

前半後半で明暗くっきりの大学生活。尻すぼみだったから、今がある

いちばんの目標だった金刃さんとの対戦は、先発同士という形では、3年間で何度かあった。僕の登板数が増えてきた2年（05年）のころは、2連戦の2戦目を任されることがほとんどだった。

なので、初戦に投げていた金刃さんとの対戦は、僕が3年時（06年）になってから。対戦数自体は多くなかったけれど、負けた記憶は、ほとんどない。高校以降の成長を、そんなときにまた感じることができた。

立命館大学時代の金刃さんは、近畿大学に在籍していた同学年の大隣憲司《おおとなりけんじ》さん（元福岡ソフトバンクなど、現千葉ロッテ二軍投手コーチ）と、ビシビシ投げ合っていた。延長の試合を2人で最後まで投げ合うなど、好勝負の連続。のちに06年オフの大学生・社会人ドラフトの希望枠でともにプロへ進むわけだが、1つ上の2人の学生時代の対決は、話題になっていた。

そんなハイレベルな先輩たちの投球も刺激として、僕は1年秋からリーグ戦で投げさせてもらえた。そんな僕の大学4年間を振り返ってみると、前半2年より後半2年の出来が悪く、尻すぼみの感じがある。

2年のときは、ガムシャラに投げていたら、面白いように結果がついてきた。メディアからも注目してもらえるようになり、やはり、同じ2年時から東京の東都大学リーグで活躍していた、東洋大学の大場翔太《しょうた》（元福岡ソフトバンク）ら同学年投手の活躍にも、目が向くようになっていた。2年後に待つドラフトも徐々に意識するようになり、同世代でトップになりたいという気持ちも芽生《めば》えるようになっていた。

KWANSEI
19

でも、そうした意識が強くなりすぎたのが、その後の不調につながったのだろう。「もっと速いボールを投げたい」「もっと三振を取りたい」「もっと勝ちたい」「もっと目立ちたい」と、気持ちばかりが先走り、フォームやメンタルのバランスが崩れていった。

僕が投げていた当時の関学のチームメイトには、まず、同学年の野手の荻野貴司《おぎのたかし》（現千葉ロッテ）。そして1年先輩には、キャッチャーの清水誉《たかし》さん（元阪神）がいる。清水さんが卒業するまで、バッテリーを組ませてもらった。このように、のちにプロに進む選手が3人揃《そろ》っていた時期もあったけれど、チームとしてリーグ優勝を果たすことはできなかった。僕がいた4年間でチームの最高成績は、05年春の2位。全国大会の舞台に立つことも叶わず終わった。

僕としては、大学生活全体を振り返っても、とくに4年時（07年）に自分のピッチングがまったくできずに苦しんだ記憶が強い。それでも関学の野球部は、僕には非常に合っていたし、高校卒業時の選択は大正解だったと思う。というのも、部の空気や環境がなによりマッチしていた。地元ということはもちろん、寮《りょう》生活もなく、部の雰囲気も自主性を重んじる校風そのままに、選手個々に任せる部分が多かった。教えられすぎることもない。4年時は大いに悩んだ僕だが、それでも自分で考えて練習する頭も育っていった。もし、東京方面の強豪と言われる大学にでも進んでいたら、僕は様々な面で馴染《なじ》めず、息苦しくなっていたかもしれない。

それと、大学時代の思い出でもう1つ強く残っているのは、高校時代までにはまったく無縁《むえん》だった日本代表チームの一員として戦ったことだ。大学の日本代表に選ばれることは4年間で1回もなかったものの、プロや社会人の選手とともに計4回、「ジャパン」のユニフォームを着てプレーさせてもらった。2年時の第36回IBAFワールドカップ（開催地：オランダ）、3年時の第16回IBAFインターコンチネンタルカップ（台湾）、4年時の北京五輪プレ大会（中国）とアジア競技大会（カタール）だ。

とくに、代表チームに人生で初めて参加した大学2年のときのワールドカップが、いろいろな意味で記憶に残っている。もちろん、全国大会の経験もなかった僕にとって、代表チームとして戦えたことは光栄の限りだったけれど、実は、印象的だったのはプレー以外。というのも、人生初の代表チームということで慣れもなにもないところに、開催地はオランダ。それまで、海外旅行の経験もまったくなかった。そのうえ、ワールドカップは社会人選手たち中心で戦う大会でもあり、そのときはチームの中に大学生が僕1人。まわりはみんな年上の社会人の選手で、当時の僕は人見知りのところがけっこうあり、いろいろな状況が厳しかった。

結果、ひと言で言えば、ストレスが溜《た》まったのだろう。案《あん》の定《じょう》、オランダ滞在中に体にじんましんが出て、一時は「野球どころじゃない」という感じになってしまった。でも、あとになれば、しょっぱなにそういう経験をしたので、次からはいろいろな形の日本代表でも、海外での大会でも、まったく動じることなく戦うことができた。今ではすっかり、海外好きでもある。

そう思えば、あのワールドカップは僕にとって本当に貴重な経験だった。ちなみに、その大会には社会人のトッププレーヤーが揃《そろ》っていたが、中にはのちにファイターズでチームメイトになり、今は投手コーチを務められている武田勝さん（当時、シダックス）もいた。プロに進んでから、懐《なつ》かしい話をさせてもらったこともあった。

そして、日本代表を何度か経験させてもらった最後に、大学生活最大のビッグイベントとして行われたのが、4年時（07年）の秋のドラフトだ。この年は、高校生と、大学生・社会人が別々に指名される分離ドラフトとして実施。先に行われた高校生ドラフトでは、当時、大阪桐蔭《とういん》に在籍し、ファイターズでチームメイトとなる中田翔や、仙台育英の佐藤由《よし》規《のり》（東京ヤクルトに入団し、現在は東北楽天に在籍。プロ入り後の登録名は由規）、成田の唐川侑己《からかわゆうき》（現千葉ロッテ）の「高校ビッグ3」が人気で、1巡目での指名も、3人に重複した。

それから1週間後に行われた大学生・社会人ドラフトの注目は、先述の大場翔太や、慶《けい》應義塾《おうぎじゅく》大学の加藤幹典《みきのり》（元東京ヤクルト）、愛知工業大学の長谷部康平《はせべこうへい》（元東北楽天）の

「大学ビッグ3」だった。中でも大場への注目がメディア的にも高かったと思うけれど、僕はと言えば、すっかりその3人らとは評価に差ができていた。一時はドラフト1位候補と新聞などで騒がれたときもあったけれど、すっかり蚊帳《かや》の外。ただ、メンタルが沈みそうになりながら、その状況だからこそその「なにくそ」の思いも芽生え、悔《くや》しさを携《たずさ》えて、プロへ進むことができた。

この大学生・社会人ドラフトで、翌08年から梨田昌孝さんが監督を務めることとなる北海道日本ハムファイターズが、僕を3巡目で指名してくれた。ちなみに1巡目は、立教大学のエースとして活躍したあとに、アメリカでしばらくプレーしていた多田野数人《ただのかずひと》さんだった（2巡目は指名なし）。

プロの世界でやれるのか……。僕は、大いに不安を感じた。でも、「同期には、絶対負けない。活躍して、いろいろなものを見返してやる」と、指名直後に改めて決意を持ったことを覚えている。

大学後半は好調ではなく、高評価も得られない中でのプロ入りだったから、むしろ開き直って、ガムシャラに飛び込んでいけたのだと思う。よく言うが、プロは入ってからが勝負。まさにそのとおり。悔しさを持ったスタートだったから、今の僕がある。13年が過ぎて思う実感だ。

FIGHTERS

第7章

チームの意志と力を継承する

～勝利へのファイターズ組織と個～

出会いによって、人の運命は変わる

前章の最後に触れたように、大学生の僕をドラフトで指名して迎え入れてくれたのが北海道日本ハムファイターズ。僕を大きく成長させてくれた球団だ。本章では、独自のチーム作り・育成システムで知られるファイターズについて、内部・現場にいる選手の立場から語ってみようと思う。先輩たちから僕が受け継ぎ、また、若手へ引き継いでいってもらいたい「ファイターズ魂《だましい》」のようなものにも触れたい。

僕は、大学4年時は思うような成績を残せなかった。数字だけでなく、目指していた球速アップもままならず、フォームも崩《くず》した。プロ1年目（2008年）は一軍キャンプでスタートしたけれど、自信を失っていた僕は、いろいろなものを「見返してやる！」という信念の一方で、「2年でクビになるのでは……」という恐怖感も抱《かか》えていた。でも、変なプライドもなかったから、第1章でも書いたように、キャンプ初日のフォーム変更の指示も素直に受け入れられたのだろう。今のままでは、プロでは通じないと自覚していたからだ。

しかし、そんなプロの入り口を思い出すと、なにより大きかったのは、第1章でも述べたように、厚澤和幸コーチと吉井理人コーチとの出会いだ。キャンプ初日に、当時の梨田昌孝監督から腕を少し下げた大学2年時のフォームに戻す提案を受け、そこからは厚澤さんと吉井さんに徹底的に付き合ってもらってフォームを固めていったのは、31～32ページでもお話ししたとおりだ。シーズンに入ってからも、登板した日は、試合後のグラウンドでキャッチボールをしてもらったり、登板がなかった試合後でも、ピッチングフォームをチェックしてもらったりして、感覚がわからなくなりそうになると、すぐ厚澤さんにアドバイスを仰《あお》いでいた。

本当に熱心に指導してもらった中で、とくに僕にとってありがたかったのは、厚澤さんが僕の感覚をわかってくれるコーチだったということだ。感覚だから言葉にするのがまた難しいのだけれど、体の使い方や指先の感覚、あるいは、僕の微妙な言葉のニュアンスといったものまでスムーズに理解してくれる人で、本当に助かっている。

指導者がいくらいい理論を持っていても、伝えたいと思う感覚が選手に伝わらず実現できなければ、ただの理想論でしかなく、なんにもならない。また、選手がフォームを崩して困ったときにコーチに相談しても、微妙な感覚が通じなければ、やはり悩みや問題点を解決する方向には進んでいかない。

小学校から野球を始めて以降、チームの指導者だけでなく、様々な人が僕にピッチングを教えてくれた。「こいつを良くしてやろう」と一生懸命《いっしょうけんめい》に指導してもらったけれど、申し訳ないと感じながらも、僕には当てはまらないな……と思うことがほとんどだった。多くの人に役立つ理論でも、感覚が合わないならば、僕にとっては役に立たない。ときには、自分がおかしいのかと悩むこともあったが、いくら、「こういうふうに投げるんだ」「こうやってマウンドを使うんだ」と言われても、しっくりこないことの連続だった。そう思うたび、どこかに僕の感覚にピタッと合う人がいないか……と、運命の出会いを夢見ていた。そして、ついに出会った「その人」が厚澤さんだった。

1年目（08年）のキャンプでは、腕を少し下げたフォームを固めていくため、厚澤さんの指示で、セカンドやサードへの牽制《けんせい》を繰り返す練習をたびたび行った。その中では、「スナップのピュッという感覚だけ覚えろ」とか、「もっと雑に投げろ」とも言われながら、ヒジより先を走らせることを意識して投げた。そして、「この感じで練習していけば、いい方向に行くな」と思ってやっているうちに、しっくりくるようになり、フォームが固まっていった。厚澤さんはこうじゃなきゃいけないという教え方ではなく、それこそ感覚的に、「もっとこんな感じで……」というアドバイスが多かった。そして、この「こんな感じ」のところが、僕のイメージと合った。

よく、「左投手の感覚は独特で、コーチが教えるのは難しい」「サウスポーは一度崩れると、「戻すのが大変」といった話も聞く。その点は、厚澤さん自身がサウスポーだったことも、僕にとっては幸運だった。プロでは思うような活躍ができず、9年の現役生活で引退されているが、苦労した分、選手の悩みがわかったり、教え方の引き出しも多かったりするのだろう。とにかく、僕の微妙な感覚を理解してくれる、極めて貴重な人なのだ。

さらに言えば、本当に労を惜しまず、練習にもとことん付き合ってくれる人間性も素晴らしい方。「なんとかしてやろう」という思いが、こちらにも伝わる。11年からの3年間はチームを離れていたが、14年から復帰。そばに厚澤さんがいるという現実は、僕にとって、なによりありがたい。この人との出会いがなければ、どうなっていたか。出会いによって、人の運命は大きく変わるということを実感している。

新庄《しんじょう》剛志《つよし》さんの「野球を楽しみ、やるときはやる」姿勢も、つなぐ

「え、プロってこういう雰囲気でやるの？」

1年目のキャンプで受けた衝撃を、今もハッキリ覚えている。驚いたのはその明るさだった。

僕の中で、勝手な思い込みがあった。プロの世界は上下関係も厳しく、張り詰めた空気

の中で練習が続き、息つく暇《ひま》もなく次から次にメニューが流れる。その合間《あいま》には、監督やコーチからの厳しい声が飛び交《か》う。そんな世界だとばかり思っていたのだ。

でも、これがまったく違って、衝撃を受けた。もちろん、厳しさもあったのだけれど、とにかく、練習中も選手が明るく、笑顔が多いことに驚いた。

そもそも、練習中に笑顔を見せるという発想が、僕にはなかった。関西学院大学などは自主性を重んじるチームで、練習も締めつけるような雰囲気はなかった。それでも、グラウンドで堂々とした笑顔を見ることはなかった。しかし、野球界トップのプロで、しかも厳しいとされるキャンプが、これだけ明るく笑顔溢《あふ》れる現場だとは……。

例えば、ノックでミスをしても、まったくマイナスな空気にならない。逆に、まわりからガンガン声が飛んできて、そこに笑顔もついてくる。投手陣の場合は、ブルペンでの投球練習や走り込みが中心なので、投げないときにワイワイしているイメージはあったけれど、野手がそんな空気でやるとは思わなかった。しんどい練習をするからこそ、野球を楽しむという発想が、とても新しく感じた。驚きの中で、「これがプロか」と痛感したものだった。もちろん、締めるところを締めていたことは言うまでもない。

僕が知っているプロのチームはファイターズしかない。でも、噂《うわさ》で聞こえてくる様子を比較すると、当時のファイターズはほかのチームとは少し違う空気感だったようだ。なにより、この明るさがどこから来ているのかと考えることがあった。すると、先輩たちからよく聞こえてきたのが、新庄剛志《しんじょうつよし》さん（元阪神、ニューヨーク・メッツ、北海道日本ハムなど）の話だった。新庄さんは04年から3年間、ファイターズに在籍し、06年には日本一メンバーとして活躍された方だ。詳しく説明するまでもないだろうが、当時から様々な面で話題を呼ぶスーパースター。僕もその活躍は、テレビや新聞で目にしていた。その新庄さんがファイターズに残したものが、野球を楽しむ気持ち、この明るさだった。先輩たちの話の多くは、そういうことだった。

さらに、新庄さんが在籍していたころのファイターズの監督はトレイ・ヒルマン（メジャーリーグでのプレー経験なし、元カンザスシティ・ロイヤルズ監督など）が務めていて、アメリカンベースボールの空気も相まって、より明るいムードが広がっていたのかもしれない。そして、チームがパ・リーグ連覇を果たしたのも、この時期（06、07年）。野球を楽しむことを高いレベルで実践できたからこその強さだったのではないかと思ったりもする。新庄さんは心底《しんそこ》、野球を楽しみ、やるときはやる。それを徹底した人だったのだろう。

プロ1年目の懐《なつ》かしいキャンプ風景を思い出していると、最近のファイターズは、少しメリハリが弱い気がする。「楽しく」の部分は残っているけれど、「切り替えて集中」というのが、やや弱い。この切り替えがうまく働かないと、ともすれば仲良しクラブになって、プロフェッショナルとは言えなくなる。今は社会全体に「厳しさ」の部分が薄れてきているこどもあり、若い選手もその環境の中で育ってきた影響があるのかもしれない。

真のプロは己《おのれ》に対する厳しさを持っているから、厳しい練習の中でもハツラツとした、いい笑顔を見せることができる。新庄さんからつながったあの空気を、もう一度味わいたい。

食後の雑談タイムで、大いに「野球脳」を鍛《きた》える

とくに僕が若かったときのファイターズは、野手が投手を本当によく見ているチームだった。投手がミスをしたときには稲葉篤紀さん、金子誠さん、田中賢介さん、鶴岡慎也さん、高橋信二さん（現北海道日本ハム二軍バッテリーコーチ兼打撃コーチ補佐）ら野手が欠かさずフォローしてくれた。気づいたことも、常に指摘してもらった。プロ1年目（08年）、一軍の新人は僕1人。投手陣だけでなく、野手の方々にも、よく声をかけてもらった。一度、打たれて沈んでいたとき、「お前のいいところはなんや！」と、言われて「ハッ」となったこともあった。単に励《はげ》ますだけではなく、そうカツを入れられたことで、「自分の持ち味はなにか？」と、考えるきっかけをもらったのだ。気持ちが沈んでいるとき、そんな

厳しくも温かいアシストがありがたかった。

野手の方に救われたそんな記憶に加えて、勉強させてもらった思いも強い。２年目（09年）にはこんなことがあった。春のキャンプで沖縄に先乗りしたときのこと。ピッチャーで先乗りする人は少ないのだけれど、僕は建山義紀さんにかわいがってもらっていて同行させていただき、現地では稲葉さんや金子さんら野手の方と合流。食事などを一緒にさせてもらった。すると、この食事の時間が本当に勉強になった。とにかく先輩方は野球の話をいつもしていて、僕の頭もフル回転。雑談を聞く中で、どんどん野球の知識が増えた。

「野球がうまくなる時間は、グラウンドだけじゃない」とわかり、シーズンに入っても僕は、こうした交流の時間を大切にした。例えば、ビジターでの試合後、選手やスタッフはホテルに戻って、食事会場で遅い夕食をとる。食べ終わるとパッと席を立つ人も多いけれど、稲葉さん、金子さん、賢介さん、鶴岡さんたちはそのまま席に残り、野球談議を続けることがしばしばあった。このあたりは43ページでも紹介したが、僕はその話を聞きたくて、先輩と同じテーブルで食事をとらせてもらい、食後の雑談タイムになると、極上の言葉に耳を傾《かたむ》けた。

だいたい、その日の試合の振り返りから、話はスタートする。あの回はこうやったな、あの球はこうやった、あの打者の３球目、あれはなにを狙《ねら》ってたんやろう……。話は尽きなかったし、突然、深い話が出てくることも珍しくなかった。

チームの主力の人たちが熱い野球談議を交《か》わすところがファイターズのすごさだと気づいたのはあとになってからだけれど、朝から晩まで、いや寝ても覚めても野球、野球、野球という人が揃《そろ》っていたのだ。

僕は先輩方の金言を頭の中にしっかり刻み、さらに絶対忘れたくない話を聞いたときには、部屋に戻ってメモに残したりもした。今思い出しても、なんとも贅沢《ぜいたく》な時間の中で、僕の「野球脳」は、大いに鍛《きた》えられた。でも、今は残念ながら、当時の稲葉さんや金子さんらが野球談議を楽しんでいたときのような風景は見られない。チームが一気に若手主体になった影響もあるのかもしれないけれど、そのあたりを受け継いでいくのは僕の役割でもある。若手とも、大いに野球談義を楽しみたい。

抑えたければ、150キロよりもキャッチャーの意図を理解した球を投げる

「キャッチャーがピッチャーを育てる」。逆に、「ピッチャーがキャッチャーを育てる」。どちらもプロ野球界にある言葉だ。経験豊富な捕手、あるいはベテラン投手が、若い投手、若

い捕手とバッテリーを組む中で配球や駆け引きを教え、彼らを成長させるということだ。

僕は、基本的にキャッチャーのサインに首を振りたくない。キャッチャーは膨大《ぼうだい》なデータを頭に入れながら試合に臨《のぞ》んでおり、それをベースに出しているサインに信頼を置いているからだ。

もちろん、「ここは違うんじゃないか？」とか「この一球の意図は？」と感じたときや、妙な胸騒ぎがしたときはサインに首を振ることもあるけれど、基本は振りたくない。

ただ、一定の信頼は置いているとはいえ、機械的にサインにうなずいて投げるのではなく、納得感を持って投げたい。そのためにもキャッチャーとは普段からしっかりコミュニケーションをとり、お互いの考えをすりあわせておくことが大事になる。シチュエーションによって相棒がどう考えるタイプなのかを知っておくと、1つのサインにも意図を感じられ、不安なく投げることができる。それこそ、僕が投げるときは、60ページでお話ししたように、「先頭打者でも嫌《いや》な予感がしたら、四球もあるよ」ということをわかってもらえれば、そうした臨機応変な攻め方を含んだリードも必要になる。このあたりはデータに乗ってこない要素であり、実はこうした理解こそが大事なのだ。

ファイターズのキャッチャーでは、17年ごろから清水優心《ゆうし》がマスクをかぶる機会が増え、19年は捕手として約100試合に出場。まだ6年目の選手なので、試合後も試合前もかなり話してきた。すると、19年は僕の考えをかなり理解してくれるようになり、結果にもあらわれた。僕と清水が組んだときの被打率は1割台だったはずだ。投手とすれば、同じコースに同じストレートを投げるにしても、納得するかしないかでボールの威力が変わってくる。バッテリーのコミュニケーションや呼吸の良し悪《あ》しは、勝負の結果を左右する大きなポイントだ。

19年途中に巨人から移籍してきた宇佐見真吾《うさみしんご》とは、このあたりの呼吸を20年にどこまで上げていけるか。19年は組んだとき、宇佐見のほうもそう感じていたと思うけれど、僕もそわそわして落ち着かなかった。「なんで、ここで、この球なのかな」「この球が、次にどうつながるのか」……と、僕はキャッチャー・宇佐見の意図を感じきれないまま、投げているところがあった。そういうときに打たれるとより悔《く》いが残るし、こんなちょっとしたことが勝負を分けるのがプロの世界。気持ちの入り方で、投げるボールの質が変わるのだ。実際にその差を測ることはできないけれど、技術対技術でギリギリの攻防を繰り返しているからこそ、こうした見えない部分を詰めていく必要がある。

ここぞという場面で頼れるのは、150キロオーバーの剛速球より、バッテリーの考えが噛《か》み合った一球。だからこそ、瞬時に意図を共有できるようになるために、普段からバッテリーで意志の疎通《そつう》を図《はか》っておかなければならない。

網走ビール

リリーフ仲間へ「抑えて」「打たれろ」の2つの思いを抱《かか》えて戦う

投手編成を考える中で、どのチームも強く必要としているのが頼れる左のリリーフだろう。ファイターズの中では、少なくとも19年までは僕がそのポジションを任されてきた。でも、もちろんチームには、僕の後釜《あとがま》を虎視眈々《こしたんたん》と狙《ねら》っている強力なライバルたちが次々に控えている。

例えば、公文克彦などはその筆頭だろう。巨人に2年在籍したのち、ファイターズに移籍してきて20年シーズンが4年目となるサウスポー。球も速いし、角度もある。「ライバルっぽくなるな」と見ている中で順調に頭角を現し、今では欠かせない一軍戦力だ。年齢的にも20年春で28歳となり、脂《あぶら》が乗ってくるころ。チームとしての期待も、年々大きくなっているに違いない。

左打者をしっかり抑えて結果を積んできているので、ここからは右打者を抑える率をどこまで上げていけるか。それが大きなポイントになってくる。彼の成長曲線を見ると、僕の歩んだ道と重なる。球団とすれば、当然、僕のポジションの後継者として見ているのだろう。

同じポジションを競《きそ》う左のリリーフ投手に対し、冷静に見ているように思われるかもしれないけれど、そうした僕の目線は、年齢的なものも大きい。僕が今30歳前後くらいなら、公文あたりをもっとバチバチにライバル視していると思う。でも、僕も20年で35歳。公文とは7つほど（学年では6つ）、年齢が離れている。もちろん、ライバルという意識は持っているが、それとは別に、僕のマンネリ化しつつあった気持ちに火をつけてくれたピッチャーという思いも強い。

20年で高卒4年目となるサウスポー・堀瑞輝もリリーフで戦う腹を決めていて、一気に伸びてくれれば、やはりポジションを争う可能性のある相手だ。堀とは19年のオフにハワイで自主トレも一緒に行ったけれど、実は入団前から少し縁《えん》があった。彼が3年夏（16年）に広島新庄《しんじょう》高校のエースとして甲子園で投げていたとき、たまたまテレビで試合を見ていて目にとまり、「このピッチャーは面白い。ウチが獲《と》ったら、いいのにな」と、なにげなく話したことがある。僕のこの発言をまわりで何人かが聞いていたけれど、少しスリークォーター気味の左投げで、僕と重なるところもあり、成長する姿を見てみたいと思ったのだ。そうしたら、16年オフのドラフト1位で、ファイターズが指名。「希望どおり」に、堀は後輩となった。

初めはプロの練習にもついていてこれず、体力的にもまだまだだったけれど、ピッチャーとしてのポテンシャルは、やはり高いものがあった。もっとよく見てみたいと思うようになり、なにかと声をかけたりしていると、19年12月には、加藤貴之と3人で自主トレをすることになった。

堀と加藤は、いろいろ聞いてくる。僕もそれに対して、気づいたことはアドバイスをする。僕にも、自分の持っている技術を伝えていきたいという気持ちがある。

また、左のリリーフの公文と堀には、「僕のポジションを継いでほしい」という希望も持っている。そのために、どんどん成長してもらいたい。これは、僕の偽《いつわ》らざる思いだ。

でも、シーズンが始まると、後輩に対して、「しっかり、抑えていけよ」という、あと押ししたい思いを持つ一方、彼らの好投が続けば、「そろそろ、打たれてええぞ」という微妙な感情も芽生《めば》えてくる。これが本音であり、プロとしては当然の感覚だ。さらにその投手が良いピッチングをし続ければ、「くそ、また抑えやがった」という一段上の感情が必ずどこかに出てくる。そんな気持ちがなくなると、プロの世界では生きていけないと思う。プロは、年齢も先輩後輩も、高校上がりも、大学・社会人経由も関係ない。競争してポジションを勝ち取った者だけが、試合に出る権利を得る。生活がかかっているのだから、甘いことは言っていられない。

「いずれは、公文や堀に僕のポジションを継いでほしい」「公文や堀にポジションを獲られたら、仕方ない」……。こうした言葉を口にできるということは、逆に、まだ自分に自信があるからだとも思っている。僕は、なにより負けず嫌いで生きてきた男でもある。彼ら2人をはじめとした後輩投手たちに大いに刺激を受けながら、もちろん、しばらくは今のポジションを渡すつもりはない。

チャレンジに、つまずきはつきもの。可能性を追い求めたい

19年のファイターズは5位。厳しい戦いの中、ブルペンも新しい取り組みに戸惑《とまど》った1年だった。その1つがオープナーだ。

これは、近年、メジャーリーグの戦いの中で広まってきた投手起用法である。本来はリリーフを務めるピッチャーを先発させ、1、2回の短いイニングを投げたのち、先発タイプの投手と交代。順調ならロングリリーフとなり、さらに終盤を継投で乗りきるという戦術だ。相手チームが1番から始まる初回の攻撃に、勢いのある球を投げる投手や立ち上がりのいい投手をぶつける狙いがあるとされる。このオープナー戦術は、18年にタンパベイ・レイズが初めて本格的に導入し、19年はファイターズも活用した。

新しいことを取り入れることは魅力的だが、難しさも伴《ともな》う。それまでと違うことをやるわけだから、少なからずストレスを生む。大谷翔平の二刀流のときでも、これまでに例のない起用の中で一部の野手に負担がかかった。ただ、だからといって、新しい試《こころ》みを否定することは違う。0・1%でも勝つ確率が上がると考えるなら、チームとしてチャレンジするべきであり、オープナーはまさにそうした策。栗山英樹監督も、当然、その可能性を考えての導入だった。

ただ、ブルペンで、この新しい策に関わった者とすれば、リリーフの準備の仕方は難しいかなと感じた。「今日はオープナーで行くぞ。ブルペン、みんな頼むぞ!」とベンチから号令があれば、「よっしゃ! 任せとけ!」となる。それが今日の先発はオープナーなのか? 違うのか? とわからないことがあり、そうなると、どう準備すればいいのか、戸惑ってしまう。

僕は試合後半に投げるけれど、展開が見えず、試合序盤からブルペンに終始落ち着かない感じがあっては、肩も作りづらい。もっと早くに出番がある投手なら、なおさらだ。その日の先発を任されたピッチャーにしても、「もう交代? 今日はショートなの? もう少し行くの?」という感じで、担《にな》うイニング数の取り決めも、ふわっとしていた気がする。

もちろん、ベンチはいろいろな可能性を含んで投手を起用していたはずだろうが、基本ラインはチームの中で共有できていることが望ましい。とくにリリーフは気持ちが大事なので、そうしたメンタル面をしっかり高めて試合に入っていけないと、いい仕事ができない。逆にリリーフ陣の気持ちが乗るようにベンチが持っていってくれたら、いつも以上のパフォーマンスを発揮できる可能性もある。

苦しいチーム事情の中で勝つ確率を求めての起用ということは、みんなわかっている。ただ、19年は、監督の意向に選手たちがついていけてなかったように思う。どうすれば、スムーズにチーム全体が動けるようになるか、僕なりの考えを契約更改の席で、球団にしっかり話させてもらった。20年も実施するようなら、19年の経験がある分、もっとこの戦術を活用できるはず。19年に苦しんだ分まで、ベンチとブルペンが一体となって結果を出したい。

実戦に勝《まさ》る経験はない

「スカウティング」と「育成」。「北海道日本ハムファイターズ」というチームの取り組みを語るときによく使われるフレーズだ。

スカウティングでは毎年、その年のナンバーワンと評価した選手をドラフト指名するポリシーを貫き、アマチュア球界のスター選手を次々に獲得してきた。ダルビッシュ有、佑《ゆう》ちゃん（斎藤佑樹《ゆうき》）、中田翔、大谷翔平、清宮幸太郎《きよみやこうたろう》、吉田輝星《こうせい》……。錚々《そうそう》たる名前が並んでいる。また、中長期的にもチームのメンバー構成をしっかり考え、ポジション、年齢などもふまえて、偏《かたよ》りのない補強を続けてきたように思う。

育成の面では、とにかく実戦経験を積ませる方針が徹底している。高卒なら5年、大学や社会人出身なら2年にわたって、育成対象の選手らを中心に基礎体力や基本技術を身につける指導を行う。そして、選手個々が自らのレベルを確認するためにも、1年目から試合経験を積ませる。バッターなら打席に立ってこそ、ピッチャーならマウンドに立ってこそ、感じるものがあるという考えに基《もと》づいている。

だから、バッターならファームやアマチュアとの交流戦などの実戦の中で、一定の打席数、立たせる。ピッチャーも投げられる状態にある者は、実戦のマウンドにどんどん送り込んでいく。そして、シーズン後半になると、タイミングを見て、一軍も経験させる。一軍のレベルを体感することで、今の自分の位置がわかり、なにをすべきかも見えてくるという考えだ。そういったファイターズの育成方式を導入している他球団もあるようだ。

また、試合出場の機会を与えるという点では、トレードで加入した選手に対してもそうだ。ファイターズへ移ってきた選手はよく活躍すると言われる。ハッキリしているのは試合出場の機会をしっかり与えること。必要とされてチームに移ってきたのはいいけれど、一軍での出場機会をわずかしか与えられず、ファーム暮らしとなり、モチベーションが下がってしまうケースも、球団よってはあるように感じる。その点、ファイターズに来た選手は、みんなこう言う。「ここには、チャンスがある」と。

1、2試合で見切りをつけるのではなく、ある程度の出場機会が与えられるので、選手の中にも納得感が生まれる。その中で、巨人から来た大田泰示《たいし》のように結果を出して、大きく成長する選手も出てくる。

公文や宇佐見らが生き生きとプレーする姿を見ても、ファイターズらしい起用の中で生まれた好例ではないだろうか。やはり、選手は試合に出てこそ経験も積め、成長もできる。

また、新人や若手の育成の面では、人間的部分の教育ももちろんおろそかにはしていない。野球の技術を向上させるためにも、野球以外の部分でのつまずきや遠回りは成長を遅らせることになる。今は、とくに社会人としてのモラルが厳しく問われる時代。なので、社会のルールについては、各界から講師や球団のOBなどを招いて講義をしたり、指導プログラムを組んで行ったりしている。野球さえうまくなればいい、という考えは通用しない。

そのあたりの人間教育も含め、環境づくり、球団のサポートは、12球団でも屈指《くっし》だろう。スカウティングと育成。ファイターズというチームを支える、揺《ゆ》るぎない2本の柱だ。

選手として、監督の性格や意図を汲《く》み、いつでも動けるようにする

監督と選手の距離感は、監督の持つ雰囲気やスタイルのほか、選手側の年齢やチーム内での立ち位置によっても、変わってくるだろう。僕はファイターズに入団して20年シーズンで13年目になるけれど、2人の監督にしか仕《つか》えたことがない。梨田昌孝監督が4年、栗山英樹監督が9年だ。それぞれプロの世界で監督をされる方々なので、オーラも漂《ただよ》い、指導者としての個性も備わっている。

梨田さんは僕の入団時（08年）から4年目（11年）までの監督だった。僕もプロ野球選手として歩き出したばかりで、プレーの面でも人間としても、とにかく若かった。だからよけいに……ということもあるのだろうが、梨田さんは厳しかったという印象が強く残っている。投手として、ただガムシャラに投げていた時期。何度かお伝えしたように、1年目のキャンプで、フォームを修正。この年は、フォーム固めをしながら投げているような状態だった。それでも、チームに左のリリーフが不足していたこともあり、一軍で投げさせてもらっていたのだけれど、制球は不安定。ベンチとすれば、マウンドへ送っても、落

ち着いて見ていることのできないピッチャーだったかもしれない。

梨田さんは、とくにフォアボールに厳しかった。振り返って自分の成績を見てみると、1年目は50試合、45回3分の1を投げて、17四死球。2年目が46回3分の2で、16四死球。例えば、19年で見れば、47回3分の1で9四死球だから差は歴然としているけれど、ほかの年の場合、近年も含めて四死球率は、1、2年目と大差はない。

もっとも、最近は計算して歩かせたものも含んでいるので、若いときとは、四球の内容が違う。1、2年目は、余裕もなく投げる中で、単純に制球が定まらないところがあった。四死球の数以上に、ベンチにはボールの多いピッチャーという印象が強かったのだろう。

梨田さんは、近鉄で球界を代表するキャッチャーとしてプレーされてきた方なので、野球の考え方の中に捕手目線を強く感じることが多くあった。先頭打者へのフォアボールや、バッターに対してボールから入ることにも、非常に厳しかった記憶がある。

そうなると、まだ若かった僕は余裕もなくなり、様々な形で注意を受けているうちに、「フォアボールを出さなかったら、いいんでしょ」「3ボールになったら、真ん中に投げて打たれてもいいわ」という開き直りも生まれるようになっていった。

でも、ときには、「打たれてもいい」と大胆にストライクを取りにいく中で、ボールの抜き方やタイミングのずらし方などを会得《えとく》するという副産物もあった。

あのころ、もし、「なにがあっても、打たれてはいけない」「フォアボールを出しちゃいけない」という考えに凝《こ》り固まっていたら、気持ち的にもさらに追い込まれ、もっと崩《くず》れていっていたかもしれない。今でも梨田さんの姿を見ると、入団当時の記憶が蘇《よみがえ》り、背筋がビシッと伸びる。プロのスタート時期に厳しい空気の中で鍛えてもらったことは、僕にとって非常に良かったと感謝している。

そして、経験も積み、制球も安定してきたプロ5年目の12年シーズンから、新しく指揮官となったのが栗山監督だ。「栗山監督はどういう人ですか?」と聞かれると、考えてしまう。いろんな面を持たれていて、ひと言で表すなら個性的。独特な感性を持っていて、熱さもあるし、すごく気配り気遣《きづか》いもされ、表現力も豊か。選手を呼ぶときも苗字《みょうじ》ではなく下の名前や愛称で呼ぶことも多く、フレンドリーで、距離感の近さも出してくれる。それでありながら、監督と選手という線引きは、人一倍しっかりされていると感じるところもある。

例えば、遠征先のホテルで食事をするようなとき、栗山監督は、「自分が会場にいると、選手の気分が休まらないだろう」と、いつも別の場所でとられている。選手側はあまり気にしていないと思うけれど、そのあたりが気遣いであり、また線引きのようにも感じる。

選手個々に対して、厳しく言うところは言い、期待感もしっかり伝える。選手は口に出して「期待しているぞ」と言われれば、やはりその分また、頑張《がんば》ろうと思うもの。また、ひと言、ポンと言葉を残して去っていくようなイメージもある。

僕の場合は、だんだん年齢も上がり、普段の調整などは任せてもらうようになっている。「ここは任せるから。しっかり仕事をしてくれよ」とか、実戦の中でも、「ミヤしかいないんだから、頼むぞ」と言ってくれる。ボキャブラリーは豊富な方だが、あえて長い説明を加えず、ひと言でサッと行くみたいな。どうすれば選手が動くかというのを、非常によく理解されている方だと思う。

そんな栗山監督のもとで僕は、キャプテンや投手キャプテンを務めさせてもらった。年数も積んできたので、「監督は、僕にこういう動きをしてもらいたいのだろうな」というところを常に考えて、行動するようにしていた。たまに迷うときがあれば、こちらから聞きにも行かせてもらっていた。栗山監督には、「監督室のドアはいつもあけてあるから」と言ってもらっているので、そのあたりではまた、距離感の近さを出してくれる。そう考えると、近いようで、やはり遠くて、でも近い……。ユニークな方だと思う。

プロ野球の監督というのは、年齢も個性もバラバラな選手やコーチをまとめなければいけない大変な仕事。監督の動き方や指導を見ていると、人の使い方や組織の束《たば》ね方といったところで、勉強になる点もいろいろとある。監督の性格も考え、その意図や狙いを汲《く》み、いつでも動ける選手でありたい。

あえて不向きなタイプ同士で、リーダーのバトンタッチをしていく

プロ野球の世界でも、今はほとんどのチームがキャプテンを置いている。ただ、アマチュアチームのキャプテンほど、明確な役割があるわけではない。言うなれば、精神的支柱といったところか。僕が若い時代は、稲葉篤紀さん、金子誠さん、田中賢介さんといったチームの中心野手で、まさに「この人！」という方がキャプテンを務めてきた。

ところが15年、前項で軽く触れたように、僕がチームのキャプテンを務めることになった。僕はピッチャーで、高校、大学でもキャプテンを務めたことがない。まわりからは「マイペース」と言われてきたようなタイプ。そんな僕がキャプテンを任されたわけだ。

当時のチーム事情を言えば、キャプテンをされていた大引啓次《おおびきけいじ》さん（元オリックス、北海道日本ハムなど。19年シーズンいっぱいで引退）が東京ヤクルトへ移籍することになり、急遽《きゅうきょ》という感じで、僕が任されたところがあった。そのころの僕は、年齢的にも30歳となり、中堅と呼ばれる立場になっていた。そういう意味では順番が回ってきたという感もあったけれど、通常は野手が務めるもの。アマチュア時代に経験もない僕は、キャプテンと

しての動き方もよくわからなかった。そして、いざやってみると、「プロの世界のキャプテンは、意外にやることがない」ということがわかった。考えてみれば、それはそうだろうという話。それぞれの選手が個人事業主であり、放《ほう》っておいてもプロである以上、ベストのパフォーマンスができるように調整し、試合に臨《のぞ》んでいるのだ。アマチュアのキャプテンのように指示を出すことも、あえて気持ちを１つにするためになにかをすることも、必要なかった。初めのころは、「なにをしたらいいのか」と、まわりに聞いたこともあったけれど、結局、ほかの選手に向けてキャプテンらしいなにかをした記憶はほとんどない。

それより、しばらくして気づいた。栗山監督が僕をキャプテンに指名したのは、まわりに対してなにかをしてくれと求めたのではなく、僕自身の変化を期待してのことだったのではないかと。そのころの僕は、自分の仕事をすることで、１００％、頭がいっぱいだった。プロだからこそ、まずはそれなのだけれど、チーム全体を見渡す視野に欠けていた。「ほかの選手たちと連携して、チームのためになにか積極的に動いていこう」とか、「後輩に、なにかを伝えていこう」などと考えることもなかった。そんな僕に対して、おそらく監督は、「そろそろチームのことを考えて動いてくれ」と、メッセージを発したのだろう。

実際、キャプテンという肩書きがついたことで、自分の中の意識や行動の変化を実感した。視野が広くなり、チームのことを常に考えて動くようになったのだ。自分の動きがほかの選手にどう見られているか、どんな影響を与えるか。極端に言えば、一挙手一投足まで考えるようになった。その意味では、監督の狙いは成功したのかもしれない。

僕が務めたあたりから、ファイターズのキャプテンのタイプも変わってきた。それまでの稲葉さんや賢介さんら「誰が見てもキャプテン向き」というイメージの人から、僕のあとは大野奨太《しょうた》（現中日）、中田翔と続き、20年は西川遥輝《はるき》。翔や遥輝も、どちらかと言えば、僕のような我が道を行くタイプ。このへんも、栗山監督がその選手にもう一段上の自覚を持たせようと考えての指名だったはず。決定を聞くたび、「監督はうまいなあ」と感じたものだった。自分の仕事をすることがなによりチームのためになるという考えのみで働いてきた選手の行動や意識が変わって、全体を見渡せるようにワンランク上がってくれれば、まわりもそれを見て、「あの選手があれほど変わったのか。ならば、自分も……」と意識改革が連鎖《れんさ》していく。うまくハマれば、チームを大きく動かし、変えるきっかけにもなる。

というわけで、20年シーズンのキャプテンは遥輝、そして、投手キャプテンは有原航平が担《にな》う。投手キャプテンとはその名のとおり、投手陣をまとめるポジションで、全体キャプテンを16年に大野に引き継いだあとも、ここしばらくは僕が務めてきた。20年はどうなるのかな、と考えていたら、19年秋のキャンプ時に栗山監督から電話がかかってきて、「来年は航平を投手キャプテンにしようと考えているけど、どう思う?」と聞かれた。

FIGHTERS
FIGHTERS

僕は「いいと思います」と即答したけれど、ここでまたピンときた。有原も、「自分が結果を出すことが、なによりチームのためになる」というスタイルで全力を尽くしてきたタイプ。そこにチーム全体を考える目が加われば、本人もひと回り大きくなるし、まわりへの影響も期待できる。やはり、栗山監督はそう考えて有原を指名したのではないか。

遥輝と有原のキャプテンぶりは、20年のファイターズの大きな見どころ。この2人に、どんな変化が見られるのか。僕も楽しみにしている。

環境に甘えてしまっては、つかめるものも、つかみとれない

僕も、キャプテンや投手キャプテンを任され、チーム全体を見渡す意識が高まった。だからこそ、このところのチームの空気に、危機感を覚えることがある。

球団が計画的に組織を作っていく中で、その求めに選手がついていけていないと感じることがあるからだ。ファイターズの特徴でもあるけれど、中心選手がメジャーリーグへ挑戦したり、国内の他球団へFA（フリーエージェント）移籍したりすることが続き、選手の顔ぶれが一気に若返ったことも影響しているのだろうか。つながってきた伝統や選手の

意識が途切れてしまったところがあるようにも思える。たびたび紹介しているように、僕の入団当初やその後しばらくは、1人ひとりの選手の意識が本当に高く、かつ無類《むるい》の野球好きが揃《そろ》った集団だった。今、そのあたりの空気が少し薄くなったと感じる。先にファイターズの育成システムの素晴らしさに触れたけれど、経験を積み、成長のチャンスを与えてもらいながら、それを自分のものにしてやるという貪欲《どんよく》さが足りなくなっているように思う。

17〜19年まで、福岡ソフトバンクが3年連続日本一を続けている。選手層の厚さは間違いなく12球団一だが、加えて、競争意識も非常に高い。あのチームで今、レギュラーを獲ることや、若い選手が一軍に上がる、代打で出ることが、どれだけ大変か。だから、試合に出てくる選手の気合いの入り方、迫力がすさまじい。1打席にかけている思いが、マウンドまで伝わってくる。その空気に接しただけで、ソフトバンクの今の強さがわかる。

そう思うと、ファイターズの若い選手たちにとって、試合で一丸《いちがん》となって、ほかの選手のヒットを喜んだり盛り上げたりすることはチームワークとして大切なことだけど、その一方でお互いがレギュラーを争うライバルであることを忘れてほしくない。競争意識を今以上に持ってほしいし、自主トレやキャンプ、オープン戦では自分がレギュラーを取るんだという気迫を前面に出すことが、今のファイターズにはもっと必要ではないかと思う。試合では仲間とチームを鼓舞《こぶ》し、試合以外の場面ではライバル意識を強く持つことが、自身の成長につながるし、チームを活性化させることにもなるはずだ。

プロとアマの最たる違いは、この競争意識にある。プロの野球には、生活がかかっている。ポジション1つで職がなくなるのだから、もっとガツガツした気迫、表情が出てきてほしいし、また、出てこないとおかしいはずなのだ。

球団が選手にとって働きやすい、成長できる環境を整えても、それに選手が甘えてはいけない。素晴らしい環境を、生かすも殺すも選手次第。遥輝や有原の年代がチームの意識の高さをプレーで見せ、僕たちも力を貸していく。そうして、さらに下の年代がガツガツした空気を発する集団になっていかなければ、と感じる。それが強いチームの一要素になると思う。

自分が進む道も夢も、タイミングと流れに従う

人生の中で起こるすべての出来事は、大きな流れの中で決まっているのだろうか。なにかを決断するときに、ふとそんなことを考えることがある。17年、FA移籍の権利を得て頭を悩ませたときも、最後には、こうした大きな運命的な思いに至った。

19年までのプロ12年は、ファイターズひと筋。その過程で、移籍を考えて最後まで迷っ

た年が、17年のオフだ。悩みに悩んだ中では、9割方、自分でも「北海道を離れるのかな」と思うタイミングがあった。でも、迷いに迷い、最後は残留を決断。決め手の1つは、残留会見でも口にしたけれど、やはり厚澤和幸コーチの存在があった。もしあのとき、厚澤さんが現場から外れていたら、移籍の可能性がもっと高くなっていたと思う。これまでも繰り返し述べたが、1年目につきっきりで指導していただいたことに対する感謝、投手としての感覚が合うという安心感は、僕にとってとてつもなく大きなもので、残留を決める大きな判断材料になったことは間違いない。

FA権取得後、僕の地元球団である阪神も関心を示しているという記事が出ていた。関西の知り合いからも、「どうなってるんや？」と聞かれたりもした。様々な可能性を考えたことは確かだった。阪神について言えば、まさに地元の球団で、小さいころから生活の一部のように身のまわりにあったチーム。あの熱狂的な応援の中でプレーしてみたいという思いは、関西出身の選手なら、誰もが持っているだろう。僕の中にもそうした思いや、地元の友だちや知り合いがたくさんいる前で投げたい気持ちもあった。

19年、阪神のルーキーとして活躍した近本光司《ちかもとこうじ》は関西学院大学の後輩。ドラフト指名の時から気にかけていたら、いきなり盗塁王に輝いた。オフに関西に戻ったときに目にしたメディア報道などを見ると、正直うらやましい気分にもなった。もちろん、北海道ではファイターズも毎日報じてもらっているけれど、地元・関西で大々的に扱われている後輩を見ると、軽いジェラシーを覚えたのが正直なところ。ただ、僕の性格的には、地元と離れた北海道で野球に専念できたファイターズとの出会いがあったから、ここまで来られたと思っている。

また、そのFA宣言のとき、メジャーリーグ挑戦の思いが強くあったのも確かだった。以前は、外国人相手に投げるとき、左打者は得意だったが、右打者には苦手意識があった。その後、技術を身につけて右打者への攻めにも自信が持てるようになり、そのタイミングで17年のWBCも経験し、それなりに結果を残すこともできた。そして、FA。まわりからメジャーに関する話を聞く機会も増え、イメージも具体的に持てるようになった。そうこうしているうちに、「このタイミングが、一生に1回のチャンスかもしれない」と、気持ちも一気に盛り上がっていった。

「北海道日本ハムファイターズ」というチームは、メジャーへ挑戦する選手が多い。僕がいるあいだにも、建山義紀さん、ダルビッシュ有、田中賢介さん（サンフランシスコ・ジャイアンツなどに在籍）、そして、大谷翔平が海を渡った。当時、チームメイトだった糸井嘉男《よしお》さん（のちにオリックスへ移籍後、現在は阪神に在籍）にも、常にメジャーが注目しているといった話があった。さかのぼれば、稲葉さんも、当初はメジャーへ挑戦するためにヤクルトからFA宣言し、結果的にファイターズへ移籍。新庄剛志さんもメジャー経験者だ。このように、ファイターズはメジャーを最も身近に感じられるチーム。僕もアリゾナキャンプを経験し、メジャーの施設や環境に触れ、大いに刺激になったこともあった。

ただ、メジャー行きを考える中で、日本でのプレー継続に気持ちが引きとめられる理由もあった。ホールド数と登板数の記録だ。それぞれリリーフとしてやってきた証《あかし》であり、僕はこの数字をすごく大事にしてきた。まず、そのころ、ホールドが300に近づき（ホールドの規定については、230～232ページで詳述）、その年（17年）、巨人・山口鉄也さんの273ホールドも目前に迫っていた。そして、岩瀬仁紀さんの15年連続50試合以上登板というとてつもない記録も、あの時点であと5年のところまで来ていた。当然、メジャーに行けば、積み上げてきた日本の記録はストップする。継続してきたものを捨てて新しいものに挑戦するのか、それとも……。この葛藤《かっとう》は大きかった。

記録や数字を重んじる度合いの強い人とそうでもない人がいるが、僕はこだわりがあるほうだ。だからもし、17年のFA取得時の前に連続50試合登板の記録が途切れていたら、そこでふっきれて、メジャーへ挑戦していたかもしれない。記録が継続していたのは大きかった。

厚澤コーチの存在と、つなぎ続けてきた記録。この2つが大きな決め手となって、17年オフの「FAせずの残留、メジャー断念」という結論に至ったのだった。海外FA権は翌18年まで保有していたけれど、18年のシーズン後半、ヒジに違和感が出て、オフに手術。これで完全に気持ちは固まり、ファイターズと2年契約を結んだ。

ヒジの違和感がなければ、また少し考えたかもしれないけれど、このころ、すべては「流れ」だと思うようにもなっていた。メジャーでは20年シーズンから、投手のワンポイント起用が廃止となることが決まった。「スリーバッターミニマムルール」と言うらしいが、「故障や急病の場合を除き、投手は最低でも打者3人と対戦するか、イニング終了まで投げなければならない」というものだ。

もし、僕が海を渡っていたら、ワンポイント的な起用から始まった可能性は十分あるだろう。そのあとの自分の状況がどうなったかはわからないけれど、ワンポイントのシステムが今、このタイミングでなくなったということは、仮に向こうで投げていたとしたら、僕にとって喜ばしいルール変更ではなかったはず。そう考えると、これもまた大きな流れ。17、18年の決断は、僕にとってはベストのものだったのだろう。

僕は普段から、決断したものに関しては後悔することも、振り返ることもしない。だから、「もしメジャーに挑戦していたら……」「もし、ファイターズ以外のチームに移っていたら……」と思い描くことも、まずない。チームに残ると決めてからは、とにかくシーズン50試合以上の登板を続け、こだわってきた数字を今後もしっかり残し、チームのために働き抜く。この気持ち以外にはない。

第8章

夢は未来へと、つながる

～仲間・ファンへ、未来のリリーフたちへ～

リリーフ投手の地位向上のため、より高みを目指す

本書も、いよいよ最終章だ。ここでは、野球界と僕のこれから、そして、後輩リリーフ投手への思い、ファンのみなさんへつなげていくメッセージも記したい。

さて、プロとして仕事に対する評価は、やはりお金。つまり年俸《ねんぽう》だ。プロ野球選手の年俸は、一般の人からすれば大きな額だろう。

ただ、スポーツ選手は活躍できる時期が短く、ケガのリスクもある。だから、結果を残したときには上げるだけ上げてもらいたいと思うけれど、そこはオフの契約交渉という球団との攻防が待っている。

こうした年俸が新聞などで報じられるときに、必ず頭に「推定」とついて発表される。18年オフに2年契約を結んだ僕の推定年俸は2億円。プロ入りしたときは「2年もたないかも……」と不安の中でスタートしたことを思えば、想像さえつかない大きな金額だ。

そう思えば、「夢のような報酬《ほうしゅう》をいただいている……」ということにもなるけれど、満足はしていない。僕自身の成長のためにも上を目指し続けないといけないが、それと同じく、

いや、それ以上に頭にあるのは、「リリーフ投手全体の地位向上のためにも満足してはいけない」という思いだ。

先発や抑え、力のある野手なら、活躍によって5億くらいまで年俸が上がる時代。でも、僕のような中継ぎタイプに対しては、球団関係者、メディア、そしてファンの方々にも、「2億あたりで……」という見方があるように思う。この評価を変え、現状を打破したい。

とくに今の野球の中での、リリーフ投手全般の果たす役割の大きさ、そして毎日、登板に備え、結果を出し続ける大変さを、固定観念にとらわれず、評価してほしい。

また、今後の若いピッチャーたちが、先発やクローザーではなく、中継ぎタイプでも、「同じだけ稼げる」と思えるようにしたい。そのためにも、僕はもっと上を目指さなくてはいけないのだ。

ホールド世界一として、時代に合った中継ぎ投手の評価を求める

僕は、プロ1年目（08年）の4月4日のオリックス戦で、初ホールドを記録した。それから、19年シーズン終了までで、合計337ホールド。この数字に対し、たまに「ホール

ド世界記録」と言われることがある。間違いではないけれど、本音を言えば、ちょっと落ち着かない。

「ホールド」は、抑え以外のリリーフ投手の勝利への貢献度を評価しようと、１９８６年にアメリカで考案されたとされる。でも、メジャーリーグでホールドは、公式記録として採用されていない。年度ごとの中継ぎ投手の表彰もなく、ホールドの通算記録も認定されていない。だから、世界一と言われても……ということだ。

一方、ＮＰＢ（日本野球機構）では、96年から中継ぎ投手の表彰を開始。同年、パ・リーグがホールド（現在とは別基準のもの）を採用し、セ・リーグはそれと異なる基準の「リリーフポイント」という名称の数値を使って、表彰の対象とした。05年からは新規定に統一し、セ・パ両リーグ共通の現在のホールドのシステム、基準となった。

ただ、今でもまだホールドの記録は馴染《なじ》みきっておらず、中継ぎタイプの評価も低く感じる。リリーフとして脚光を浴びるのは、なんといってもクローザー。もし、ホールドの制度が今もなかったら、僕ももっとクローザーやセーブ数に憧《あこが》れていたかもしれない。試合最後の９回を任され、勝利の瞬間のマウンドにいる姿には惹《ひ》かれるものがある。でも、今の僕は、先発でもクローザーでもない自分のポジションにプライドを持ち、なにより自分に合うとも思っている。そして、ホールドに対する誇りも生まれ、圧倒的な数のところまで伸ばしていきたいという強い思いも持つようになった。

結果として残る数字は、毎日ハードに働くリリーフとして大きなモチベーションにもなる。少々のことで心が折れず、崩《くず》れないための薬がホールドでもある。

ただ、繰り返すが、まだまだホールドの評価も認知度も低い。セーブとは違い、１試合の中で条件を満たした複数の投手に１つずつつくこともあり、基準がわかりづらい、すごさがよくわからないといったファンの人の声もあるだろう。

ホールドがつく条件は、勝敗がつかないリリーフ登板で、なおかつそのチームの最後のピッチャーではないこと。そして、アウトを１個以上とること。加えて、リードしている場面でのリリーフであれば、３点差以内なら１イニング以上、４点差以上なら３イニング以上投げること（「登板直後に対戦する２人の打者に連続本塁打を浴びたら、同点か逆転される場面」での登板では、アウトを１個以上取って、同点か逆転を許さなければＯＫ）。

一方、同点での登板時は、無失点で降板するか、登板中に自軍が勝ち越した場合は、それを保って降板すること（この場合、そのまま勝てば勝利投手となるが、降板後に逆転されれば、この投手にホールドがつく）。なお、関連する数字として、ホールドポイントというのもあって、これは「ホールド数＋救援勝利数」となる。

こう書くとなかなか複雑だけれど、要するに、勝ちか同点の場面でリリーフ登板し、そのままの状態で次のピッチャーにリレーできれば、OKだ。今の野球は、先発投手が5回、6回で交代のケースも珍しくなく、クローザーにつなぐまでのセットアッパーなど、ほかのリリーフ陣の出来が勝敗に大きく関係する。でも、一般的な評価や注目は、今も先発とクローザーに集まり、そのあいだをつなぐピッチャーに対する見方や評価がまだついてきていないと感じる。

現在、タイトルとしては「最優秀中継ぎ投手」があり、その年の両リーグの最多ホールドポイント投手に贈られる。僕は、16、18、19年の3度、受賞させてもらった。ホールド数がリーグ1位でも、救援勝利数次第で、ホールドポイントでは逆転されることもある。

ただ、いずれにせよ、ホールド王、あるいはホールドポイント王と称されないところに、ホールドに対する微妙な評価が見えるようにも思う。14年からは、通算200ホールドで連盟表彰もされるようになった。また、オールスターのファン投票でも、01年から、投手部門が「先発」「中継ぎ」「抑え」に細分化され、3人が選出されるようになっている。ありがたいことに僕も、ファンの方々から18、19年の2年連続で「中継ぎ投手」部門1位の票を頂戴《ちょうだい》した。

でも、ベストナイン表彰では、打者にはDH部門があるけれど、投手の受賞枠は1つしかない。1998年に、抑えの佐々木主浩《かづひろ》さん（当時、横浜。のちに、シアトル・マリナ

北海道日本ハムファイターズ
祝
宮西 尚生投
通算300ホールド達
300 HOLDS
NAOKI MIYANISHI
HOKKAIDO NIPPON-HAM FIGHTERS
ニッタン
北海紙管
フコク生命
300
HOLDS
NAOKI MIYANISHI
HOKKAIDO NIPPON-HAM FIGHTERS

ーズにも在籍）が選出されているが、おおむね、先発投手から選ばれる。

名球会の基準も、かつての200勝、2000本安打に、03年から250セーブが加わり、近年は勝利数とセーブを合算した数での加入についても、話し合いが持たれている。でも、その新基準設定に、ホールドに関わる議論は聞こえてこない。僕が名球会に入りたいということではなく、同じピッチャーでも、先発・クローザーと、中継ぎのあいだに「差」を感じる。こうした数々の不平等な面を変えたい。

そのためには、言い続けていくしかない。僕は発信すべき立場にもあると思うので、リリーフ投手の立場や評価が今の野球に合ったのものとなるよう、訴《うった》えていきたい。

メリット・デメリットのある複数年契約の最終年、しっかり投げる

他球団のリリーフ投手の評価を目にし、資金が豊富な球団がうらやましいと思うこともある。球団によって査定の仕方も違うので、一概《いちがい》には言えないが、「あの成績で、これくらいの額になるのか……」と、自分の成績を見比べて感じないこともない。

年俸と言えば、今の時代は活躍するとドンと大きく上がるケースもあるけれど、下がる

ときの幅も大きい。野球協約で定められた下げ幅の限度額（年俸が1億以上の選手は40％まで、1億以下の選手は25％）を超えてダウンという報道も、最近は珍しくなった。選手が了承すれば限度額を超えても契約成立となるけれど、選手の立場とすれば多くの場合、強気に主張するのは難しいと思う。そもそもそれだけのダウンを強《し》いられるのは、シーズンで活躍できなかったときということ。強気には出づらいのだ。大幅アップもある分、大幅ダウンもあるのがプロの世界。それが醍醐味《だいごみ》でもあるのだが。

お金の話が出たところで、ファンの方に改めて伝えておきたいことが1つある。それはここまで触れてきている年俸についてのことだ。

年俸はオフの契約更改のときに、例えば「25％アップの推定8000万」のような形で報じられる。あの金額は、そのシーズンの活躍に対しての評価だということを確認しておきたい。「当たり前じゃないか」と思われそうだが、改めて伝えるのは、次のようなことがあるからだ。

例えば20年の年俸が1億の選手の調子が悪いと、「あれだけ給料をもらっているのに、この成績か！」と言われるかもしれない。でも、この年俸はあくまで前年（19年）の成績を評価されての額なのだから、翌年（20年）の数字が悪いからといって、こうした批判は当たらない。選手は20年の成績が悪ければその分、同年オフの更改できっちりダウン評価を受ける。それを勘違いしている人がいるように思うので、伝えたかった。

ちなみに年俸で言えば、僕は過去12年で、ダウン査定を受けたことが1回だけある。先述のFAするか否か、心が揺《ゆ》れた17年オフの更改だ。確かにそのシーズンは防御率が3点台だった。僕とすれば51試合に投げ、一定の仕事をした自負はあったけれど、ダウンだった。リリーフの防御率をどう判断するかは難しいところで、交渉のときも担当の方がやや申し訳ないという雰囲気で、こう言ったことを今も覚えている。

「ここで暴れてくれていいよ」

僕はその言葉が面白く、怒る気も不満も失《う》せ、サインをした。ダウンとなったけれど、今思い出しても軽く吹き出してしまいそうな、見事なひと言だった。とはいえ、年間50試合以上を投げてダウンとなればリリーフとしてはつらかったのだが、翌18年オフの契約交渉では、226ページで触れたように、初めて2年の複数年契約を結んだ。このときは複数年の提示があるとは思っていなかったので、正直、少し驚いた。僕は、「前年のダウン評価も配慮しての複数年提示かな」と、直感的に思った。その年のオフに僕は左ヒジの手術（骨《こっ》棘滑膜《きょくかつまく》切除術）をしていたので、「2年は面倒を見ます」と言ってもらったようなこの契約は、非常にありがたいものだった。

でも、一方で複数年契約は、その年数分の保証にはなるけれど、最近は複数年契約が終わるところで、年俸がドンとダウンしてしまう選手も目立つようになってきた。もちろんその期間に、額に見合うだけの成績を残せなかったということなのだが、下がり幅がなかなか大きい。

また、複数年契約の場合、期間中に好成績を出しても、単年契約だったら大きく年俸が上がるところが、そうはいかない。何事にも、メリット、デメリットがあるということだ。20年シーズンは、僕にとって複数年契約の２年目。また、良い契約を結んでもらえるよう、しっかりと投げて結果を出したい。

リリーフ投手には、防御率より「成功率」を評価の新基準にすべし

ピッチャーの力量の評価基準の１つに、防御率がある。防御率とは9イニング換算でどれくらいの点を与えるかを表した数値で、先発投手の評価の目安にしやすい。でも、リリーフ投手の防御率は、あてにならない。登板数は多くても、投球イニングが少ないため、１失点で防御率が大きく変動するからだ。

リリーフ投手に関しては、僕は常に、防御率より「成功率」が大事だと考えている。例

えば、あるリリーフ投手が1イニングの登板を10試合繰り返し、9試合は無失点、1試合だけ不調で自責点4を記録したとする。すると、10試合トータルの防御率は3・60となる。一方で10試合のうち3試合で自責点1ずつで、無失点の試合は7試合しかなくても、この場合の防御率は2・70だ。防御率だけで見ると、後者のほうが優秀なリリーフというイメージが湧《わ》く。でも、チーム内での評価が高いのは、9試合を無失点で抑えて成功率が高い前者の可能性は十分にある。

プロ野球も、年々戦い方が変わってきた。投手起用も様々なスタイルに幅が広がり、先発であれば、クオリティスタート（6回以上を投げて、自責点3以内）といった評価基準などはファンのあいだでも一般的になりつつある。その中でリリーフ投手にはまだ実態に則した数字がないと、常々思っている。やはり、防御率よりも成功回数、成功率を示す値があってほしい。

なにをもって成功とするかは考えどころで、無失点で切り抜けた率や、逆転、同点にされなかったという率などが考えられる。総合的に判断すれば、やはり、無失点で投げきった率がいちばんだろうか。

ピッチャーが交代すると、中継のテレビや、球場内のビジョンに成績が表示される。登板数や勝敗、セーブ数、防御率が一般的な表示パターンだろう。これが僕のようなリリーフ投手だと、登板数以外はあまり意味をなさない数字なのだ。

それよりも、ホールド数とその成功率がわかるようなものがあれば、ファンの人もその中継ぎピッチャーの最近の調子や、シーズン成績をよりリアルに把握《はあく》できる。なによりも、リリーフ投手の励《はげ》みにもなる。ぜひ、野球関係者にもメディアの方々にも、「成功率」がひと目でわかるような数値を考えてほしい。

記録のために投げてはないが、偉大なる数字に力を引き出される

1年目から続けてきた50試合登板は、19年までで12年連続。岩瀬仁紀さんの15年連続50試合登板が、うっすら見えるところまでは来た。

でも、一歩一歩と近づくたび、岩瀬さんの数字がとてつもなく大きなものとして感じられる。15年現役を続けられる人自体がほんのひと握りというプロの中にあって、50試合以上の登板も同時に継続してきたのだ。

肉体、技術、そしてなによりリリーフをやっていて最も重要だと思うメンタルの強さ。この3つを維持し続けての15年連続50試合以上の登板。3、4年前までは、僕も「岩瀬さん

の記録を目指します」とインタビューなどで決まって口にしていたけれど、年々スッと口から出てこなくなった。それだけ、この記録の重み、すごみがわかるようになってきたということだ。

ふとしたときに、「もう50試合は投げられないんじゃないか」「今年は無理かも」と、頭をかすめることもある。でも、弱気になりそうになる自分を奮い立たせてくるのもまた、この15年連続という大きな数字だ。年齢が上がってくると、こうした目標がモチベーションとなり、大きな力にもなる。

18年の「NPB AWARDS《アワーズ》（表彰式）」で、特別表彰を受けた岩瀬さんにお会いして、「頑張《がんば》っているか。俺《おれ》は1002試合まで投げたから、お前も頑張れよ」と、直接声をかけてもらった。NPB最多の1002試合登板という、とてつもない記録の保持者もまた、岩瀬さん。僕は19年までに684試合。岩瀬さんは、本当にすごい人だ。

ただ、岩瀬さんもそうだっただろうし、僕も、考えるのはチームの勝利であって、記録のために投げているわけではない。でも、リリーフにとってこの登板試合数というものは、心身を削《けず》って戦ってきた証《あかし》。積み上げてきた数字には、僕も誇りを持っている。

15年連続50試合登板まで、あと3年。心の中でしっかりと見据《みす》え、偉大なる記録を追いかけていきたい。

新球場建設や様々な刺激が、投げ続けるモチベーションとなる

東京オリンピックに関して出場への興味を問われれば、「出てみたいです」と答えることは多い。僕のプロ野球人生の中で、日本開催のオリンピックに参加できるチャンスは間違いなく最初で最後。意欲がないわけはなく、漠然《ばくぜん》とした言い方をすれば、「出てみたい」。ただ、現実を考えると、オリンピックのマウンドに立つ可能性は高くはないだろう。

こうした大きな大会には、若い選手が中心となって出ることが望ましいという思いが１つある。そして、年齢も重ねてきたからこそ、僕の中には、シーズンに集中して、16年以来の日本一を味わいたいという気持ちが強い。そう考えると、東京オリンピックは出てみたいけれど、現実としては……というところだ。

僕がプロで経験した国際大会と言えば、17年のＷＢＣがある。あのときはシーズン前の開催で、それはそれで難しさがあったけれど、シーズンを中断してのオリンピックよりも切り替えはできたと思う。

また、個人的なことで言えば、あのころはメジャーへの興味が高まっていたので、パワ

ーのある外国勢のバッターとの対決にも興味があった。

ただ、東京オリンピックは、監督が稲葉篤紀さんで、ヘッドコーチには今でもファイターズでコーチをされている金子誠さん。そして、投手コーチも建山義紀さん。見事に、僕がお世話になってきた方たちが首脳陣に揃《そろ》っていて、その野球観は、自分なりには理解しているつもりだ。

そういう中で、日の丸を背負ってやってみたい気持ちもある。必要とされれば、もちろん力になりたい。いずれにしても、オリンピックが近づく中で、稲葉監督が選びたいと思うメンバーに入るだけの成績をシーズンで残しておくこと。

自身の参加についてはともかく、現役生活の後半に日本開催のオリンピックがめぐってくるという事実からは、いい刺激をもらっている。年齢が上がってくると、目標や刺激となる「なにか」があることで、より頑張れるからだ。

そういった具体的な数字や目標以外に、もう1つ僕には、現役生活の後半に楽しみにしていることがある。それが、23年に完成予定の新球場だ。この新球場で投げたい、チームのためになる活躍をしたいという思いが、日に日に強くなっている。

ここまでファイターズひと筋、札幌ドームを本拠地に投げてきた。この本拠地が3年後、北広島市にできる新球場へ移る。

僕の今後の青写真は、新球場完成まではバリバリに投げ、あとの2年は出番を減らしつつもチームに貢献し、40歳でユニフォームを脱げたら、最高。できすぎにも思うけれど、20年シーズンも含め、残り6年。そうなれば、理想だ。

いろいろな先輩投手たちを見ていると、35歳から40歳までのあいだでは、38歳あたりで決断が迫られるような壁を迎えていると感じる。40歳が迫る中で、肉体的な変化によって、それまでのボールも変わってくるのだろうか。個人差はあるだろうからなんとも言えないけれど、そういう意味でも38歳の年に新球場で迎えるシーズンが楽しみだし、野球人生の分岐点にもなるのかもしれない。

23年をどういう形で迎え、どういう形で終えられるか。先述したプランをたどって40歳までプレーできたら、思い残すことはないだろう。

ひとまず新球場で投げることが大きな楽しみであり、当面の目標だ。どんな球場で、どんな雰囲気になるのか、想像するだけでもワクワクする。今、小学校と幼稚園の2人の息子にも、新球場で投げる姿を見せてやりたい。将来の孫たちにも「おじいちゃんは、この球場で投げたんや」と言いたい。

年齢も30代後半に入ってくると、様々な数字や刺激が、力を引き出す力になる。僕の場合も、大きな数字的目標や新球場誕生などが、やる気の源《みなもと》となっている。年齢を感じている暇《ひま》もないような、現役生活の後半戦となりそうだ。大いに楽しみであり、ありがたいことである。

腹は決まっているが、まだまだマウンドを降りる気はない

40歳以上のプレーヤーは、球界にも数えるほどしかいない。20年6月で、僕は35歳となった。プロ野球人としては、グラウンドを去るときが近づいていることを意味する年齢だ。野球以外のことを知らない、投手という仕事しか経験がない男だから、一生投げ続けられる体があるなら、投げ続けたい。でも、残念ながら、プロの第一線で投げ続けることができる時間は、やがて終わりが来る。問題は、それがいつなのか、だ。

深く考えても、どうなるものではない。行けるところまで行くというのが、今の僕の気持ちだ。僕の中で引き際について深く考えるときが来るとしたら、1つのタイミングは、シーズン50試合登板が途切れたときかもしれない。「リリーフは最低50試合、最高50試合」と教えられ、ずっとこだわってきた数字だ。だから、50試合を投げられなくなったときに一度立ち止まって、これからを考えることになる気がする。故障などのアクシデントや不測

の事態などで記録が途絶えたらまた違うかもしれないが、体が元気で、通常のシーズンを送る中で達成できなかったとしたら、様々な思いが浮かんでくるだろう。

年齢が上がってくると、どうしても球速や球のキレが落ちてくる。僕は、球種が実質、ストレートとスライダーの２つ。ストレートの威力が落ちてきたときに、どうするのか。スライダーのキレが鈍ったときに、なにを考えるのか。もちろん、球種を増やすという手もあるだろう。あるいは、今でもスライダー以外の変化球はいちおうあるので、その比率を変えることも、１つの対策だ。

ただ、球界の先輩方を見てきても、引退を決断する際の基準は、おそらくほとんどの投手が真っ直《ます》ぐ。その力が落ちたときに、引き際を考えるようになるのだろう。やはり、ピッチングの基本は真っ直ぐなので、力が落ちたから変化球でかわそうとしても、通用する世界ではないのだ。そう考えれば、どこまで真っ直ぐの力を落とさずにいけるかということにもなる。単純に球速ということではなく、自分の中で自信が持てる真っ直ぐを、いつまで投げることができるか。

ここまでの僕は、真っ直ぐとスライダーでやってきた。格好良く言えば、そのスタイルを貫けるところまで貫き、通じなくなったときがユニフォームを脱ぐとき。僕なりの美学のようなものはある。それだけ、このピッチングスタイルにプライドを持ってやってきた。

こういった話をすると、引き際を考え始めているのか……と心配をされそうだけれど、まだまだやれる気持ちがあるからこそ、思うままに語っている。16、18、19年と、「最優秀中継ぎ投手」の賞もいただき、十分に経験も積み、投手としてのピークに達しつつある感覚が、自分の中にある。まだ本当のピークが、この先にあるのかどうかはわからないけれど、厳しい戦いの中に、勝負の楽しみも野球の深さも感じられるようになってきた。まだまだ僕の仕事場であるマウンドを降りるつもりはない。

コーチ、スカウト、高校監督、ファンイベント企画…将来も盛り上げる

野球選手は30代なかばを迎えたころにはベテランと呼ばれ、40歳までプレーすれば、チームに年上の選手はほぼいなくなる。そしてユニフォームを脱いだところから第二の人生が始まり、それからが長い。現役を終えたあと、どういった人生が待っているのか。ぼんやり思い浮かべることがある。

イメージを持ちやすいというのは、やはりコーチ業だ。技術指導や精神的なフォローから、試合では、ベンチ担当の投手コーチならば、監督へ投手起用の進言などを行う。また、

ブルペン担当コーチは、投手陣の調整に気を遣《つか》う。僕は毎日、投手コーチの方々のその様子も見ながら、精神的にもタフでなければならない仕事だと、いつも思っている。その苦労とやりがいもわかるだけに、味わってみたい気持ちはある。

スカウティングにも、興味がある。僕は山田正雄GMの「化けるかもしれん」という推《お》しで、07年秋の大学生・社会人ドラフトにてファイターズに3巡目で指名してもらい、今につながった。スカウトは、自分の目を信じてアマチュア選手の実力を判断し、「うちのチームならこう育てて、このポジションにあてはめて……」とビジョンを描きながら、チームの戦力、未来の宝となる人材獲得の窓口。スカウトとの出会いによって、選手の人生が変わることもあり、これもまた、やりがいと責任のある仕事だ。

高校野球の監督も魅力的だ。やはり、選手にとって高校時代の3年間は特別。そんな高校生とともに、純粋に野球にまみれてみたい。いつになっても、高校野球は良いもの。あの青春時代の空気を、指導者としてもう一度味わいたい気持ちもある。

どれも野球関係であり、この3つは読者が聞いても、ある意味、「なるほど」と、驚きはないだろう。でも僕には、この3つとはまったく別路線でやってみたい仕事がもう1つある。球団職員として、試合時の球場内や、球場まわりでのイベントや演出の企画を手がけたいのだ。本気度という点では先の3つの仕事にも劣らないし、好奇心というか興味としてはこれがいちばん大きいかもしれない。

ファイターズというチームは、ファンを楽しませるイベント力のかなり高い球団だ。二軍の本拠地・鎌ケ谷の、アイディアを凝《こ》らした球場作りは最たるもの。もちろん北海道でも、札幌ドームの試合時だけでなく、北海道全土を巻き込んでの様々なイベントも企画、実施してきた。そういう空気にも触れながら、僕自身も、ふとしたときにアイディアが浮かんでくることがある。

試合中の演出や音楽、あるいはイニング間のちょっとしたイベントなども、このタイミングならもう少し違うことのほうが……と感じたり、この場面ならこういう音楽のほうが盛り上がりやすいのに……などと、まったく個人的な感覚ながら、思ったりする。

それこそ、僕は試合後半のマウンドに上がったとき、グラウンドの雰囲気や空気を瞬時に感じとる習慣が身についている。劣勢の場面なら、もっとこうした音楽を流していけば、場内の空気を変えられるのに……。そんなことを思うときに、ふと「自分は、こういうことを考えるのが好きなんだな」と気づいた。選手の気持ちもわかるから、ファンも楽しめて選手も楽しめるイベントや、球場の空気を変える仕掛けの提案ができるかも……という気もしている。単純に賑《にぎ》やかな楽しいこと好きという関西人気質が根っこにあることも大きい。新球場ができるとなると、新たな取り組みも、より増えてくるだろう。そんなこと

を想像すると、なおのこと胸が躍《おど》る思いだ。

一度、新球場構想のＣＧ（コンピュータ・グラフィックス）を選手たちも見せてもらう機会があった。そのとき、誰よりもその映像に見入っていたのが僕だった。ＣＧを見ているだけでワクワクしてくるプランがいくつもあり、球場周辺の一帯がまさにボールパーク。目新しいアトラクションやおいしそうな食べ物屋さんが並んで、毎日がお祭りのような雰囲気を感じた。そんな映像を見ていると、次々にイメージも湧《わ》いてきて楽しくなる自分がいた。現実的には、なにをするにもコストや採算が絡《から》み、難しいことの連続なのだろうが、野球以外のところでもお客さんを楽しませることのできるこうしたイベントや演出の企画などもまた、魅力的な仕事だ。

一軍で10何年もやってきた選手が、引退後にそうしたポジションにつくこともなかなかないと思う。でも、だからこそ面白いと思う自分がいる。もし、実現したとすれば、それもまた、枠《わく》にとらわれずチャレンジを繰り返してきたファイターズらしいとも感じる。

果たして、現役生活を完全燃焼して終えたとき、そこからまたどんな人生が待っているのか。想像すると、それもまた心が躍るような気分になる。

まだ少し先かと思うが、どんな形であれ、ファンの方々には、僕の今後に注目してほしい。一緒に長く盛り上がっていきたい。

リリーフ専門の高卒ドライチが誕生すれば、野球はもっと面白くなる

次の世代へ「つないでいく」話として、最後に高校野球についても触れてみたい。

球数制限など投手起用のルールや、ピッチャーの健康にまつわる議論が出ている高校野球だが、並行して複数投手の起用も話題に上がってくるだろう。プロのように、１人のピッチャーに頼らず負担を分散することで、投手の肩やヒジの故障を防ぐという考えだ。確かに、それは正論だ。でも、高校野球でこの戦い方が進むと、規模が大きく選手層が厚いチームがより優位となり、各校の戦力格差が広がるという話にもなる。この考え方も、もっともだ。

球数制限に関して言えば、20年春のセンバツでも採用予定だった週に５００球なら、チームの起用に影響が出るケースはほとんどないと思う。ただ、それ以上球数を減らすような規制は避けてほしいと個人的には望んでいる。各チームにそれぞれの事情があり、エースとして投げているピッチャーの思いもある。僕も高校時代、２年の秋にエースとなってからは、大会になれば全試合、全イニング投げたいと考えていた。人にマウンドを譲って負けることだけは絶対に嫌《いや》で、とくに最後の夏に関しては、その思いが強かった。「こんな

に投げて、大丈夫か？」「もし、つぶれたら、どうするの？　野球界の大きな損害だ」という心配もわかる。

でも、プロに進むようなピッチャーは、ごくひと握り。僕は幸いにも大学からプロへと道がひらけたが、多くのピッチャーは、高校で本格的な野球を終える。球数制限などが厳しくなると、そういった投手が完全燃焼する場も奪われかねない。「肩やヒジが少々痛くても、最後まで投げ抜きたい」「野球をやりきりたい」という、あの年代ならではの熱い気持ちも大事にできる高校野球であってほしい。

そう考えると、改善するなら、やはり大会日程ではないだろうか。県大会でも甲子園大会でも、過密日程にならないように試合を組めば、投手の負担は間違いなく軽くできる。日程については、高校野球に関わる人人に知恵を絞《しぼ》って考えてもらいたい。ただ、それが簡単ではないということで、今の議論となっているのだろうけれど……。

こうしていろいろ考えてみると、やはり、投手起用のルールは厳格化せず、最終的な判断は各チームに委《ゆだ》ねる形が良いのではないか。僕はエースが行けるところまで行くという戦い方も、本人とチームが望むなら認めてやりたいし、一方で、高校野球の中にも分業制を敷くチームがもっと出てきてほしいとも思っている。

今は、複数のピッチャーを揃《そろ》えているチームでも、1試合目は背番号1が投げ、次の試合は10番が投げるとか、２試合目は２人で投げるとか、そういう起用が主流ではないだろうか。そうした起用法から一歩進み、プロ野球のように先発とリリーフの役割を明確にして、「勝利の方程式」を持ったチームが増えても面白いと思っている。

高校野球の世界でピッチャーの分業制が進んでいけば、プロと同じように鉄壁《てっぺき》のクローザーや、左殺しのワンポイントといった投手も、先々増えておかしくない。もちろんチーム状況が許せば、ということだけれど、日本の野球界のトップであるプロの世界ではどんどん投手起用は細分化されており、その流れが少し時間を置いてアマチュア球界に広がり、スタンダードとなる可能性はあるだろう。

リリーフというものは、言わば専門職。単にピッチングの比較だけでなく、肉体的にも精神的にも、向き不向きがある。分業制を試《ため》していくことで、リリーフのポジションだから輝けるというピッチャーが発掘される機会も増えるはず。そういった投手の先々の可能性を広げるきっかけにもなる。

リリーフ適性を高く持った投手が高校時代から見いだされ、早くからリリーフとしての経験を積み、専門性を磨いていく……。僕にはこうした話の先に、大きな楽しみがある。それは、近い将来、プロ野球のドラフトで１位指名される高卒のリリーバーが出てきてほしいということだ。これまでの常識では、ドラフトで指名される高校生はほぼチームのエースとして、つまりは先発として活躍したピッチャーだ。ましてドラフト1位ともなれば、間違いなく、このタイプ。「力を持っていれば、当然、先発」という発想が、高校野球界の中にはある。負ければ終わりの世界なので、もちろん理解できるけれど、分業制が少しずつ広がり、能力があってリリーフ適性も高いピッチャーが注目を浴びるような高校が出てくれば、僕の楽しみも広がる。

最近のNPBの戦いを見ていても、クローザーだけでなく、リリーフ陣全体のレベルが、チームの成績に大きく関わってくる。プロでリリーフとして生きてきた僕としては、常識を変えるようなピッチャー、新戦略を打ち出すチームが、高校野球の世界からも出てきてほしい。

甲子園で圧倒的な力を見せ、ドラフト1位&契約金1億円でプロに進むようなリリーフスター……。こうしたピッチャーが誕生するようなら、日本の野球界も、新たな時代へ突入したと言えるのだろう。

すぐの実現はなかなか難しいかもしれないけれど、そんなピッチャーと自分が競演する姿をファンに見せられれば、試合の終盤がさらに盛り上がるに違いない。そのうえで、いつも応援してくれているファイターズファンとともに喜び合えるような結果を残せたら、最高だ。

1つの夢の話だが、その夢に近づくためにも僕は、まだまだ働かなければならない。

FIGHTER
ホクレン

おわりに

僕の野球人生における現在地を試合に例えるなら、そろそろいつもの出番へ向けて準備を進める6、7回あたりだろうか。そんなときに、本企画のお声がけをいただいた。これも、なにかのめぐりあわせなのだろう。記憶の引き出しをあけ、いろんなことを思い出した。中でも最も感慨深《かんがいぶか》かったのは、入団したときに「2年で終わるかも……」と悲壮感を抱《かか》えながら始まったプロ生活が、2020年シーズンで13年目を迎えていることだ。

小、中、高、そして大学時代を含めても、同世代の中でぬきんでた投手ではなかった。それがプロでここまでやれている不思議。振り返ってみると、僕は秘めていた力がどこかのタイミングで一気に開花したわけではなく、欠けていたピースを1つひとつ足しながら、少しずつ成長を重ねてきたピッチャーだった。あの出会い、あの練習、あの取り組み、あのアドバイスが血となり、肉となった。技術もメンタルも、一段一段、地道《じみち》にレベルアップしていけた。そうしてつながってきた野球道の途中に、リリーフというポジションとの出会いがあり、投手として、野球人として大きく成長することができた。

また、自分が納得したこと、興味を持ったことはとことん突き詰め、夢中になる性格だとも、改めて感じた。そう思うと、「ここ！」という勝負場面を託《たく》され、結果を積み上げるリリーフが性分《しょうぶん》に合っているのだろう。この仕事は、僕にとっての天職だ。今は、リリーフという役目に、誰よりも誇りを持っている。だからこそ、もっともっとリリーフ投手の価値を高めていきたい。多くの人たちに、日々の登板に備え、つなぎ、積み重ねるリリーフの魅力を広めていきたい。華《はな》やかなプロの世界の中では、決して主役ではないけれど、なくてはならない役割。それがリリーフであり、中継ぎを担《にな》うピッチャーだ。ここからもチームにとって不可欠な存在として投げ続けていきたい。

20年シーズンは、困難な状況下で、試合数が減る。プロ1年目の08年から19年まで12年続けてきた連続50試合登板の継続も厳しいものになるだろう。でも、この状況で記録をつなげられたら、達成感も例年以上になるはず。もちろん、自分自身に期待もしている。

この先も、野球をできるありがたさを全身で感じ、その思いをボールに込め、チームの勝利に向かってベストを尽くしていきたい。そして、戦い抜いた最後には、この本を手に取ってくれた人たちと喜び合えるような1年にしたい。一緒に戦いましょう!!

本書の出版にあたり、多大なご協力をいただいた廣済堂出版の関係者、北海道日本ハムファイターズのスタッフ、そして、読者の方々、ファンのみなさん、ありがとうございました。

２０２０年7月

宮西尚生

勝利はすべて救援勝利、HPはホールドポイント(=ホールド+救援勝利)

投球回数	打者	被安打	被本塁打	奪三振	与四球	与死球	暴投	ボーク	失点	自責点	防御率
45 1/3	198	47	5	25	15(1)	2	2	1	24	22	4.37
46 2/3	189	39	6	55	15(3)	1	0	0	15	15	2.89
47 2/3	181	29	1	49	9	4	0	0	9	9	1.70
53	218	38	3	56	14(2)	8	2	0	15	13	2.21
60	244	51	4	56	14(1)	4	0	0	18	15	2.25
46 2/3	197	40	1	39	16(3)	2	1	0	12	9	1.74
50	218	47	2	46	23(4)	4	0	0	14	12	2.16
40	163	29	4	30	11(1)	1	1	0	19	12	2.70
47 1/3	190	28	0	36	22(1)	5	1	0	11	8	1.52
40 2/3	164	34	3	24	12	0	2	0	19	15	3.32
45	186	29	1	39	20(3)	5	0	0	11	9	1.80
47 1/3	182	32	1	51	6	3	1	0	13	9	1.71
569 2/3	2330	443	31	506	177(19)	39	10	1	180	148	2.34

- **600試合連続救援登板** 2018年6月30日、対オリックス10回戦(札幌ドーム)、7回表一死に2番手で救援登板、⅔回を無失点
  ※史上4人目、同一球団かつ初登板から連続救援登板での達成は、日本プロ野球史上初
- **12年連続50試合以上登板**(2008〜19年) ※歴代2位、パ・リーグ記録
- **12登板連続ホールド**(2013年8月23日〜9月30日) ※パ・リーグ記録
- **通算337ホールド**(2019年シーズン終了時点) ※日本プロ野球記録
- **通算370ホールドポイント**(2019年シーズン終了時点) ※日本プロ野球記録
- **オールスターゲーム出場**:3回(2015、18、19年)

MIYANISHI #25

Results 宮西尚生 年度別成績ほか

■年度別投手成績(一軍) ※太字はリーグ最高、☆は日本プロ野球(NPB)記録、カッコ内は故意四球(敬遠)、

年度	チーム	試合数	勝利	敗戦	セーブ	ホールド	HP	勝率	先発数	交代完了
2008	北海道日本ハム	50	2	4	0	8	10	.333	0	7
2009	北海道日本ハム	58	7	2	0	13	20	.778	0	16
2010	北海道日本ハム	61	2	1	1	23	25	.667	0	11
2011	北海道日本ハム	61	1	2	0	14	15	.333	0	14
2012	北海道日本ハム	66	2	2	0	39	41	.500	0	6
2013	北海道日本ハム	57	3	1	0	30	33	.750	0	1
2014	北海道日本ハム	62	1	5	0	41	42	.167	0	4
2015	北海道日本ハム	50	3	3	0	25	28	.500	0	3
2016	北海道日本ハム	58	3	1	2	**39**	**42**	.750	0	6
2017	北海道日本ハム	51	4	5	0	25	29	.444	0	3
2018	北海道日本ハム	55	4	3	0	**37**	**41**	.571	0	2
2019	北海道日本ハム	55	1	2	0	**43**	**44**	.333	0	3
	通算	684	33	31	3	**337**☆	**370**☆	.516	0	76

タイトル

・**最優秀中継ぎ投手**：3回(2016、18、19年)
※最多タイ記録

日本代表歴

・**第4回WBC**(ワールド・ベースボール・クラシック)(2017年)

おもな個人記録

・**初登板** 2008年3月25日、対埼玉西武1回戦(札幌ドーム)、8回表に2番手で救援登板、1回無失点

・**初奪三振** 同上、8回表に佐藤友亮《ともあき》から空振り三振

・**初ホールド** 2008年4月4日、対オリックス1回戦(京セラドーム大阪)、7回裏二死に3番手で救援登板、⅓回無失点

・**初勝利** 2008年5月11日、対福岡ソフトバンク8回戦(函館《はこだて》市千《ち》代台《よがだい》公園野球場)、7回表に2番手で救援登板、1回無失点

・**初セーブ** 2010年5月19日、対巨人2回戦(札幌ドーム)、9回表に4番手で救援登板・完了、1回無失点

・**100ホールド** 2012年8月18日、対千葉ロッテ15回戦(札幌ドーム)、7回表に2番手で救援登板、1回無失点
※史上17人目(パ・リーグ最速)

・**200ホールド** 2016年5月14日、対埼玉西武10回戦(札幌ドーム)、7回表に3番手で救援登板、1回無失点
※史上2人目(パ・リーグ史上初)

・**300ホールド** 2019年4月13日、対千葉ロッテ2回戦(札幌ドーム)、7回表に3番手で救援登板、1回無失点
※日本プロ野球史上初

NAOKI

宮西尚生（みやにし なおき）

1985年６月２日生まれ、兵庫県尼崎《あまがさき》市出身。左投左打。身長180cm、体重81kg、O型。背番号25。市立《いちりつ》尼崎高校－関西《かんせい》学院大学－北海道日本ハム（2008年～）。幼稚園年長で、野球を始める。市立尼崎高校では、甲子園出場経験なし。関西学生野球連盟の関西学院大学に進学後、２年春に48回３分の１連続無失点のリーグ記録を達成。日本代表に、通算４度選出される。07年オフの大学生・社会人ドラフト会議で北海道日本ハムから３巡目指名され、入団。ルーキーイヤーの08年に早くも開幕一軍入りを果たすと、３月25日の対埼玉西武戦で、救援投手として初登板。その後、50試合に登板する。以降も、左のリリーフ、中継ぎ投手として活躍。13年の12登板連続ホールドは、パ・リーグ記録。18年には通算600試合登板を、同一球団で初登板から全試合救援で達成という日本プロ野球（NPB）史上初の記録で樹立。同年９月27日のオリックス戦で、通算324ホールドポイントに達し、日本プロ野球記録保持者となる。19年シーズン終了までに、通算337ホールド、370ホールドポイントに記録を伸ばし、両部門の世界プロ野球記録保持者とも称される。入団１年目からの連続50試合以上登板も、12シーズンでパ・リーグ新記録に。球界を代表するセットアッパーとして、20年もさらなる記録更新に期待がかかる。

Professional Bible
つなぎ続ける心と力
リリーフの技&受け継ぐ魂のバイブル

2020年 9 月1 日　第1版第1刷

著者……………………………… 宮西尚生

協力……………………………… 株式会社北海道日本ハムファイターズ
企画・プロデュース…………… 寺崎江月(株式会社no.1)
構成……………………………… 谷上史朗
撮影……………………………… 石川耕三(ユニフォーム写真)　太田裕史(私服写真)
小池義弘(練習風景写真など)
写真提供………………………… 株式会社北海道日本ハムファイターズ ©H.N.F.
写真協力………………………… スポーツニッポン新聞社(P185、P190)　Getty Images(P6下)
ブックデザイン………………… 木村典子・桐野太志(Balcony)
ブックデザイン協力…………… 木村ミユキ　南千賀
DTP……………………………… 株式会社三協美術
編集協力………………………… 長岡伸治(株式会社プリンシパル)　浅野博久(株式会社ギグ)
根本明　松本恵
編集……………………………… 岩崎隆宏(廣済堂出版)

発行者…………………………… 後藤高志
発行所…………………………… 株式会社廣済堂出版
〒101-0052 東京都千代田区神田小川町2-3-13 M&Cビル7F
電話　編集03-6703-0964／販売 03-6703-0962
FAX　販売03-6703-0963
振替　00180-0-164137
URL　https://www.kosaido-pub.co.jp

印刷所・製本所………………… 株式会社廣済堂

ISBN978-4-331-52297-4　C0075